Ejecución: cómo hacer que las cosas sucedan

Por Gupton Brazile

© Gupton Brazile
email: Gupton.brazile@hotmail.com
REGISTRO SAFECREATIVE: 1902049846702
ISBN: 978-0-359-40645-6

Mateo 25:21

Y su señor le dijo: Bien, buen siervo y fiel; sobre poco has sido fiel, sobre mucho te pondré; entra en el gozo de tu señor.

Agradecimientos

A Jehová mi Dios, de quien soy y a quien sirvo. Que todo lo puede, y en quien todo lo puedo. Él continuamente me mueve a hacer su voluntad.

A mi bella esposa, Josefina, quien hace que yo quiera ser mejor cada día.

A mi jefe, José Luis Ochoa, de quien aprendí tanto observando su manera de dirigir a la gente.

A Araceli Pérez, que me dio muchos ejemplos de liderazgo.

A todos los consultores que han trabajado conmigo en proyectos de SAP y que me ayudaron a lograr los objetivos en tiempo y forma.

A mis hijos, Ángel y Damián, que con sus travesuras llenan mi vida de recuerdos.

CONTENIDO

Introducción

Seguido escucho a compañeros y amigos que se encuentran en puestos gerenciales o directivos, hablar sobre cómo a pesar de tener grandes planes en la compañía en la que trabajan, y de contar ellos con maestrías, diplomados o certificaciones como administradores, no llegan a los resultados que esperaban en sus proyectos. A pesar de ser personas con mucho talento, con grandes aptitudes y mucha ambición, por alguna razón que ellos no comprenden, los resultados y las metas que se habían propuesto al comienzo del año, no las alcanzaron. Voltean a su alrededor para analizar qué fue lo que sucedió, pensando que tal vez no contaban con la gente correcta, muchas veces buscando justificar que fulanito no tenía todos los conocimientos que se necesitaban para el proyecto, o que tal vez la actitud de la gente era muy negativa, o que incluso, era un tema personal en contra de ellos porque "no le caían bien" a alguna persona de su equipo. Estas y muchas otras excusas las he oído en los más de 30 años que tengo trabajando, principalmente en el área de informática. Y muchas veces, en los proyectos a los que me he presentado, he trabajado con las mismas personas que otros tachaban de "mal equipo", y con esas mismas personas (o casi las mismas), logré llegar a los resultados que se esperaban. Por favor, permítanme presentarme. Mi nombre es Raúl Ibáñez Lopátegui (uso el pseudónimo de Gupton Brazile para escribir mis libros, por una cuestión de marca), y tengo la formación de Ingeniero en

Computación, Maestría en Ingeniería Informática enfocada en redes de cableado estructurado, diseño de bases de datos y uso de algoritmos matemáticos para la mejora del rendimiento de programas. Posteriormente, tuve la oportunidad de recibir capacitación también por parte del trabajo en donde estuve, de especialista en Logística de Preventa y Reparto de distribución, así como tomar un diplomado en Administración de Negocios, una certificación en programación SAP ABAP y en SAP Sales and Distribution, y en otro de mis trabajos en donde empecé mi carrera de consultoría en SAP, aprendí a ser consultor funcional de tiendas web ISA-R3 de CRM en SAP. Amén de todo esto, debido a mi carrera, en sus inicios aprendí AutoCAD, Ventura Publisher, Microsoft Office, y un sinnúmero de herramientas y paquetes de cómputo como MapInfo y otras herramientas de escritorio y de seguimiento de proyectos como DAPTIV y Microsoft Project. Además, gracias al trabajo que tuve por casi cuatro años en la Cervecería Cuauhtémoc Moctezuma, aprendí también sobre motores de gas, gasolina y diesel, renovado de llantas, despacho de cerveza de barril, el funcionamiento básico de los enfriadores (refrigeradores comerciales donde se enfría la cerveza) y desarrollé habilidades en la logística y análisis de ventas. En Durakon Mexicana y otros trabajos en los que estuve, también tuve oportunidad de aprender y de aplicar lo aprendido, y entré contacto con las metodologías de calidad llamadas QS-9000, Lean Manufacturing, Six Sigma, 5S's, Map Fxe, ITIL, SCRUM, ALM, ASAP, etc.

A pesar de toda la preparación que he acumulado a lo largo de mi carrera, un punto muy importante que quiero mencionar, es la experiencia que obtuve gracias a los jefes y líderes que en su momento tuvieron la paciencia de enseñarme y entrenarme para poder lograr resultados al dirigir un área. Los iré mencionando a lo largo de este libro, así como algunos ejemplos que me dieron para comprender mejor la teoría, y quería recalcarlo, pues muchas veces en el aula se enseñan cosas, pero a la hora de hacerlas es también muy importante contar con un mentor, y a mí me gustaría ser tu mentor para compartir el legado de lo que me enseñaron con tanta paciencia.

Dicho todo esto, voy a aclarar un último punto: la ejecución, desde el punto de vista de este libro, es el arte de hacer que las cosas sucedan, ya sea que seas director de una compañía, un CEO, CFO o un simple jefe de área. Se trata de hacer que las personas que están en tu equipo, busquen lograr las metas del negocio o área con el mismo afán que tú. Despertar en ellos el deseo y la ambición por lograr que la tarea se realice bien hecha y en el tiempo oportuno para el que se planeó.

Espero que al leer este libro, puedas aplicar algunos de los consejos de los ejemplos que voy a mencionar.

Gracias por tu tiempo. ¡Comencemos!

Capítulo 1
Misión y visión

Dice un dicho popular, que si no sabes hacia dónde vas, ya llegaste. Pues algo así es muy similar en los negocios. Una de las tareas principales, que muchas veces se menosprecia y no se le dedica el más mínimo tiempo o detalle por falta de experiencia, es redactar qué queremos hacer con el mismo y a dónde queremos llegar. Para poder poner esto en una frase, es para lo que debemos crear una Visión y una Misión de nuestro negocio.

Ahora, si no es tu propio negocio, sino que trabajas en una compañía que pertenece a alguien más, posiblemente ellos ya tengan una misión y una visión, a la que tú deberías de sujetarte. Sin embargo, si eres al menos jefe de un área (o gerente, o subdirector o algún otro puesto dentro de la jerarquía de la compañía), debes también crear tu propia misión y visión para tu área.

Cierto, cualquiera podría decir que la Misión es hacer dinero, y mi Visión es volverme rico. Pero, aunque sea válido que mientras deje dinero me puedo dedicar a vender canicas, sin pasión ningún negocio va a lograr ser algo importante y, como el negocio es el medio para hacer dicho dinero, debemos enfocarnos en la manera en que pensamos manejar el mismo.

Para este fin, el primer paso es que quede claro cuál es el concepto de estos dos términos.

El concepto de misión se refiere a un motivo o una razón de ser por parte de una organización, una empresa o una institución. Este motivo se enfoca en el **presente**, es decir, es la actividad que justifica lo que el grupo o el individuo está haciendo en un momento dado. Por ejemplo: "Su misión en su negocio de salón de fiestas es hacer que los clientes se diviertan al rentar su local". O bien "La misión de la compañía es vender tortas de la mejor calidad y precio".

La misión depende de la actividad que el negocio realice, así como del entorno en el que se encuentra y de los recursos de los que dispone. Si se trata de una empresa, la misión dependerá del tipo de negocio del que se trate, de las necesidades de la población en ese momento dado y la situación del mercado. Por esto, a lo largo de esta pequeña guía, vamos a mencionar bastante la importancia de conocer a su cliente.

Por otro lado, la visión se refiere a una imagen que el negocio plantea a **largo plazo** sobre cómo espera que sea su futuro, una expectativa "ideal" de lo que espera que ocurra. La visión debe ser realista pero puede ser ambiciosa, su función es guiar y motivar al grupo (o al individuo, si es un negocio muy pequeño) para continuar con el trabajo. Por ejemplo: "su visión como salón de fiestas puede ser ofrecer los mejores momentos en las fiestas para las familias en su municipio de una manera novedosa y eficiente". O bien: "La visión de la compañía es convertirse en la productora de tortas de mejor calidad del mercado local". Claro, deberían definir el alcance de "local" para que no sea algo ambiguo.

La visión depende de la situación presente, de las posibilidades materiales presentes y futuras tal y como las perciba la organización, de los eventos inesperados que puedan ocurrir y de la propia misión que ya se haya planteado.

Nadie es adivino, sin embargo, el contacto constante con los clientes hacen del dueño de un negocio (o el jefe de un área) una persona sensible a los cambios y preferencias y gustos de los mismos, sólo debemos realmente abrir los ojos y los oídos a lo que nuestros clientes quieren.

Una vez que se tiene un objetivo determinado, ambos conceptos permiten situarse en el presente (misión) y proyectarse hacia el futuro (visión) desde el plano racional, ya que permite vincular medios y fines, y también desde el emocional, ya que permite inspirar e incentivar a actuar incluso en situaciones desfavorables. Aunado al control, que nos va a permitir medir nuestro avance, comparar contra las metas iniciales, tomar decisiones para corregir, y volver a medir más adelante, siendo esto un ciclo que le dará una visión muy clara de la dirección en la que está yendo su negocio.

La misión y la visión deben formularse conjuntamente, ya que es importante que sean coherentes entre sí, y que prevean las situaciones que pueden ocurrir dentro del plazo propuesto. No debe olvidarse que ambas son parte de una estrategia, y sirven al propósito de realizar un mismo objetivo.

Por ejemplo: si una gran compañía de tecnología de punta planea crecer y expandirse, puede plantearse como Misión el proveer a los clientes de tecnología de punta manteniendo el liderazgo en el área. Esto permite organizar los recursos de la empresa para asegurarse de que se mantenga la calidad de sus productos (a través del control de calidad, de la capacitación y formación de sus empleados, de estudiar la situación del mercado y de las demás empresas, etcétera).

Pero la Visión pensada hacia el futuro debe tener en cuenta que en el área de la tecnología, el desarrollo científico y técnico puede volver obsoletas las tecnologías que la empresa produce en pocos años, por lo que una visión realista y coherente con su misión sería alcanzar el liderazgo en la innovación tecnológica, que le permita no solo seguir siendo una empresa líder, sino adaptarse rápidamente a cualquier cambio que pueda haber en el plano tecnológico.

De acuerdo con estadísticas del INEGI (Instituto Nacional de Estadística y Geografía) en México, solo 11 de cada 100 de los negocios que operan en México no cierran o terminan antes de llegar a los 5 años de vida en el mercado. Quizás por esto, sería importante, si usted es apasionado de abrir cierto tipo de negocio porque le apasiona, no sé, la venta de motocicletas en su estado natal, abrir un restaurante italiano porque su familia es de allá, o una tienda de aeromodelismo porque usted ama los aviones, averiguar un poco en alguna fuente confiable de datos estadísticos, si ya existen otros negocios de esa índole en el territorio de su interés. Se sorprendería de la cantidad de información que guarda la cámara de comercio de su municipio al respecto si se toma la molestia de ir a preguntar. Y si pertenece a un área dentro de un gran corporativo, también puede hacer uso de toda la información que entrega este instituto a fin de analizar en dónde está parado en relación con su competencia y hacer un cuadro de fortalezas y debilidades.

Dicho esto, lo primero que debe hacer entonces, es averiguar si el tipo de negocio que usted está deseando abrir o el área en la que usted trabaja, tiene competencia en su territorio, si existen clientes para este tipo de negocio, averiguar cuánto capital han necesitado estos negocios en su localidad para poder operar, o si tiene usted alguna ventaja competitiva en relación a la competencia que ya está establecida en su población. En los grandes corporativos, muchas veces la misma empresa paga por hacer estudios de su competencia y facilitan dicha información al personal que lo solicite, así que pruebe a ver si ya cuentan con la misma y analícela.

Para esto, podría usted también podría hacer un recuadro abarcando sus fortalezas y debilidades, así como las fortalezas y debilidades de su competencia, como se muestra en la tabla 1.

FUERZAS INTERNAS	DEBILIDADES INTERNAS
• BUENA IMAGEN EN UNIDADES Y PERSONAL. • SERVICIO ENFOCADO AL CLIENTE. • CONTAMOS CON	• NO CONTAMOS CON CAPACITACIÒN AL PERSONAL. • NO CONTAMOS CON MOBILIARIO SUFICIENTE.

PORTAFOLIO DE MARCAS MUY COMPLETO Y ASI TENER MAS OPORTUNIDADES DE CRECER.	• NO CONTAMOS CON PUBLICIDAD. • NO CONTAMOS CON ARTICULOS PROMOCIONALES.
OPORTUNIDADES INTERNAS	**OPORTUNIDADES EXTERNAS**
• ESTA EMPEZANDO A TENER MAS ACEPTACIÓN NUESTROS PRODUCTOS EN EL MERCADO. • TIEMPO ANTERIOR ERAMOS LIDERES EN EL MERCADO Y ESA ES UNA GRAN OPORTUNIDAD PARA POSESIONARNOS DEL MERCADO.	• LA COMPETENCIA TIENE UN DESCONTROL EN CUESTION DE INVASIONES DE SUS PRODUCTOS, POR LO CUAL ESTO LO INTRODUCEN A NUESTRO TERRITORIO A MUY BAJO PRECIO. • LA INVASION QUE TENEMOS POR PARTE DE NUESTRAS MISMAS MARCAS.
FUERZAS DE LA COMPETENCIA	**DEBILIDADES DE LA COMPETENCIA**
• PRODUCTO CON DIFERENTES PRECIOS QUE INTRODUCEN OTRAS AGENCIAS • CUENTAN CON SUFICIENTE MOBILIARIO, ANUNCIOS LUMINOSOS, MESAS DE BILLAR Y MUY BUENOS DESCUENTOS.	• MALA IMAGEN DE LAS UNIDADES. • MAL SERVICIO DEL PERSONAL.

Tabla 1. Fortalezas y debilidades.

Una vez que se tengan dichas fortalezas y debilidades, se comienza a trazar la misión y la visión del negocio, para que nos dé una línea de cómo queremos operar, en el presente y en el futuro.

Digamos por ejemplo, que tiene usted un negocio de venta de tortas al público (a lo largo de este libro, voy a poner ejemplos muy simplificados solo para hacer su explicación más fácil. En un verdadero negocio o área, necesitará ir incluyendo poco a poco todas las variables a fin de tener un modelo más apegado a la realidad y resultados más precisos). Su misión, podría ser "Ofrecer tortas de calidad a los clientes" y su visión "Ofrecer las tortas con mejor calidad de la ciudad a un buen precio". Para esto, usted necesita averiguar de alguna manera, qué tipo de ingredientes y la calidad de los mismos de sus competidores, el precio de los mismos, averiguar en dónde se consiguen, hacer una matriz de proveedores y precios para poder encontrar los artículos de mejor precio y calidad, haciendo usted mismo el balance, de manera que no afecte el precio final de su producto de una manera significativa en relación a su competencia, y definir los límites de la ciudad, que es donde piensa distribuir su producto y tener un área de influencia. Tenga en cuenta que habrá proveedores que le ofrecerán una calidad magnífica, pero un precio muy alto. Habrá también lo opuesto, proveedores que le darán un gran precio, pero de calidad inferior. También habrá que considerar que si aumenta usted la cantidad de materia prima que solicita a sus proveedores, pueda negociar mejores precios con ellos, pero esto lo tendrá que ir considerando en el futuro, cuando ya tenga ventas y se pueda ir posicionando en el mercado con su producto terminado (o servicio, en caso de ser un servicio lo que ofrece, pero en cualquier caso aplica).

Anexo encontrará la tabla 2, con un ejemplo de esta matriz.

MATERIA PRIMA	PROVEEDOR	PRECIO UNITARIO
PAN BLANCO	WALMART	$2.70
PAN BLANCO	SUPERAMA	$3.50
PAN BLANCO	PANADERIA PANCHO	$1.50
JAMON FUD	WALMART	$70.00
JAMON FUD	GARIS	$62.00
JAMON FUD	SUPER KOMPRAS	$65.00
MAYONESA 2.8 KG	WALMART	$82.00
MAYONESA 2.8 KG	SUPERAMA	$79.00
MAYONESA 2.8 KG	GARIS	$68.00

Tabla 2. Matriz de productos, proveedores y precios.

En el cuadro de arriba, podemos observar por ejemplo, que comprar el pan en la "Panadería Pancho" le sale más barato que ir a "Superama" o a "Walmart". De primer vistazo podría usted considerar la decisión de ir entonces a dicha panadería a surtirse para hacer sus tortas. Pero considere también algunos puntos que pueden ser intangibles o relacionados a su misión. Aclaro: la persona que haga las compras de la materia prima debe saber diferenciar la calidad en la misma, para decidir correctamente sobre dónde y con quién comprar, si el pan es bueno o malo para el negocio, de acuerdo a su misión. Si su misión es dar la torta más barata, sin dar gran importancia a la calidad, pues bueno, asunto resuelto.

Si su misión es dar la mejor calidad, sin importar el precio, el comprador de la materia prima debe tener la habilidad para juzgar este hecho y poder decidir con qué proveedor encuentra el mejor pan, y no necesariamente tiene que ser el más caro (pudiera ser Walmart, por ejemplo) o aún pudiera ser que el más barato que encontró tuviera la calidad adecuada para su misión y meta (es raro, pero puede suceder).

Así que, el hacer las compras para proveer la materia prima para su negocio, es una tarea importante, como todas las otras que se van a realizar, y no se puede dejar al azar o que una persona sin las habilidades adecuadas las haga, pues podría afectar el rendimiento de su negocio al realizar las ventas. En el caso de un área en una empresa, la persona responsable de hacer las compras debe ser alguien con experiencia en el ramo, pues si fuera equipo de cierta tecnología, o tiene la experiencia o se debe apoyar en alguien en el corporativo que la tenga. Por lo regular estas personas cuentan con esta experiencia, pero como no se puede saber todo de todo y ser experto, se debe tener la humildad para solicitar ayuda a alguien en el área de especialización para tomar la decisión adecuada.

Volviendo al cuadro de la tabla 1, allí deberá hacer énfasis siempre en sus fuerzas internas y en tratar de magnificarlas, desarrollar sus debilidades internas e incluso hacer un plan para ir desarrollando y atacando los puntos que puso en esa tabla. Cito como ejemplo esta nueva tabla, para el caso de un área de desarrollo de software.

Si cuando contraté mi personal para desarrollar software, por alguna razón no hubiera yo conseguido una persona con todas las habilidades necesarias, uno de mis objetivos será capacitar al empleado, ya sea interna o externamente, para que logre tener dichas habilidades y no impacte su desempeño el desempeño del negocio. Si está empezando, y usted como jefe/director de su negocio tiene dichas habilidades, puede comenzar a dar la capacitación de manera interna a sus empleados, ahorrando dinero aunque invierta su tiempo, pero será tiempo bien invertido porque aunque al principio pueda sentir que esta actividad lo distrae de otras cosas que necesita o quiere realizar, a la larga, que su gente sepa lo que usted necesita y quiere, le ahorrará tiempo para las otras actividades, y tiene la ventaja adicional de que usted los moldeará de acuerdo a su propia visión del negocio.

Por otro lado, si cuenta con los recursos para enviarlos a que los capaciten de manera externa, se ahorra su tiempo para enfocarlo en tareas de dirección, estrategia o administración, pero es muy probable que quien capacite a sus empleado no tenga en mente exactamente lo que usted quería que aprendan, pero le van a realizar la mayor parte del trabajo y usted podrá refinarlos en las juntas que tenga con su personal para dirigirlos a los resultados que desee que obtengan. Siempre debe decidir haciendo un balance del costo y beneficio de cualquiera de las opciones que tenga disponible. ¿Le dedica más tiempo usted y se ahorra dinero al no pagar entrenamiento externo, o paga para que le capaciten a su personal? O aún más allá, ¿contrata gente que tenga las habilidades desde el principio al contratarlos? Recuerde que también mientras más capacitado esté su personal, más cara es la nómina. Por el lado contrario, si contrata gente sin tanta experiencia, la nómina es más ligera, pero debe invertir tiempo en capacitar y moldear a la gente a la tarea que quiere que hagan, y con el paso del tiempo, cuando vayan adquiriendo más experiencia y habilidades, tendrá que enfrentar el siguiente reto: o les va aumentando el sueldo conforme a los resultados que vayan obteniendo al paso de los años, o permite que se vayan pues conseguirán empleo en otro lado (tal vez con su competencia) en donde les pagarán mejor que lo que usted está dispuesto a pagarles, y volverá a tener que contratar gente más barata a la que tendrá que invertirle tiempo en capacitación nuevamente para que el nivel de habilidades de la gente que trabaje con usted sea el necesario para que su negocio alcance sus metas. Esto siempre es un ciclo, parte de la vida de un negocio.

Cualquiera que sea su decisión, evalúe el tiempo y dinero que lleva realizar la tarea, y tenga en mente este dicho: "Peor que capacitar a tu personal y que se vaya, es no capacitarlo y que se te quede".

Capítulo 2
Querer, saber y poder: el tripié

Cuando empezamos un negocio propio, o nos dan nuestro primer trabajo en el que tenemos gente a nuestro cargo, solemos tener un exceso de confianza en nosotros mismos. Todavía recuerdo mi primer trabajo como asesor de usuario en el Centro de Servicios de Cómputo de mi universidad, la Universidad Autónoma del Estado de México. A pesar de mi inexperiencia – era mi primer trabajo- yo estaba seguro de que podría con todo aquello que me pusieran por delante. Claro, querer hacer las cosas bien ayuda mucho. A veces, es posible que la actitud pese más que la aptitud para realizar un trabajo de la mejor manera, pero siempre se necesita un balance de ambas para lograr los resultados en el mediano y largo plazo. Ahora, haciendo una retrospectiva de las cosas por las que pasé en mi vida laboral, veo que ciertamente muchas de ellas las podría haber hecho mejor. Reflexionando sobre este tema, y estudiando también la administración de negocios y la coordinación de proyectos, llegué a la conclusión de que para realizar un proyecto y llevarlo a buen término, hacen falta al menos estas tres cosas que yo llamo "el tripié", porque si te falta una, es como si tuviera un tripié con una pata más corta, y necesariamente se cae tu proyecto. Estas son: querer, saber y poder. Procederé a explicarlas brevemente.

Querer se refiere a que antes que cualquier otra cosa, para realizar un objetivo o meta de un proyecto o negocio, necesitas que tú y la gente de tu equipo tengan las ganas de hacerlas. De nada sirve que en el mejor hospital del mundo tengas un neurocirujano con especialidad en traqueotomías y cirugías a corazón abierto con doctorado en cardiología, si el señor sueña con retirarse o quiere cambiar de profesión o le gustaría ser piloto privado o no le gusta operar por alguna razón. Lo mismo aplica para ti. Debes ser lo suficientemente honesto contigo para admitir si lo que estás haciendo te gusta o no, o si estás ahí cumpliendo el sueño de tus padres y no los tuyos. Sea cual sea la actividad que estés realizando, debe ser algo que tengas el gusto y las ganas por hacerlo. Alguna vez leí que todas las cosas que ves a tu alrededor fueron creadas dos veces. Primero, se crearon en la mente de alguna persona. Después, esa persona tuvo la voluntad para crearla y hacerla realidad. Tu casa, tu ropa, tu auto, son cosas que primero fueron creadas en la mente de alguien que le gustó tanto la idea, que después llevó manos a la obra para que se volviera una realidad. Así que este es el primer punto. Querer.

El segundo punto es el saber. Aunque tener muchas ganas de hacer las cosas ayuda para empezar, conforme se avanza en cualquier proyecto importante y con cierto grado de complejidad, surgen obstáculos que por lo regular van aumentando en dificultad para poderlos resolver. Tener el conocimiento para enfrentar dichos obstáculos los vuelve más simples. Tener un equipo que tenga el conocimiento, también ayuda. No necesariamente uno debe ser la persona más lista de la empresa o del área, pero debe uno saber quién lo sabe. En una anécdota que leí sobre Henry Ford, había un periodista que siempre le atacaba diciendo que él no lo sabía todo. Entonces Henry Ford convocó a una rueda de prensa para que le preguntaran sobre lo que quisieran, tanto los reporteros como otras personas en el área automotriz. Se presentó y tenía enfrente de él un teléfono. Cuando comenzaron las preguntas, algunas las contestó él directamente, pero hubo otras en las que levantó el teléfono y llamó a una persona, repitió la pregunta, y después de unos minutos, colgó y dio la respuesta. Los reporteros, asombrados, le preguntaron qué había hecho. Él simplemente respondió: yo no sé todas las respuestas, pero conozco a las personas que sí las saben. La moraleja de esta anécdota, es que tal vez tú tampoco sepas todas las respuestas. Pero cuando hay un proyecto en turno, es necesario tener el conocimiento sobre el tema del problema que se va a abordar, o saber al menos qué persona es la que puede saberlo y tener acceso a ella y sus conocimientos. Si quieres fundar una compañía de electrónica porque te apasiona lo que estos aparatos pueden hacer para mejorar la vida de los demás, pero ignoras cómo funcionan los transistores y los microchips, temo decirte que no vas a tener mucho éxito en tu compañía o tu proyecto a menos que contrates a gente que sí sea experta en ese ramo, para que te ayuden a avanzar en lo que te propones. Es importante saber.

Y por último, está el punto del poder. No me refiero al poder de que dicha persona es políticamente poderosa, o es una persona que físicamente es muy fuerte. No. Con poder me refiero a los recursos que hacen falta para que un proyecto tenga éxito. Cualquier persona que haya estudiado el PMBOK y sus principios de administración y gestión de proyectos, saben que siempre hay un presupuesto, recursos y tiempo para hacer las cosas. Normalmente, si se quieren abaratar las cosas, el tiempo se extiende porque no se cuenta con muchos recursos. Si se quiere acortar el tiempo, suele inyectársele más dinero o personal al proyecto para que se haga más rápido. No siempre se puede, pero generalmente hay una relación inversamente proporcional entre el tiempo y el dinero. Más dinero y recursos, menos tiempo. Menos dinero y recursos, más tiempo. Así de sencillo. Y para que las cosas sucedan como uno quiere, se necesita también el poder que da el dinero y/o los recursos para llevar a cabo el proyecto o negocio. Dicho más claro: puedes querer hacer un negocio de construcción de botes de lujo. Puedes tener muchas ganas de hacerlo porque te apasionan los botes. Puedes tener conocimientos sobre náutica y construcción de embarcaciones. Pero si no tienes un local o embarcadero, dinero para comprar los materiales de diseño y construcción, y posiblemente personal para que te apoye en la creación de las naves, las cosas simplemente no van a realizarse por mucho empeño que le pongas. Viéndolo desde otro punto de vista, pudiera ser que tengas mucho dinero, capital, recursos humanos, incluso conocimientos sobre un tema. Pero si no tienes las ganas de hacerlo, desde el principio está condenado tu proyecto al fracaso.

Es como un tripié. Si todas sus patas están completas, se va a sostener. Pero si alguna de las patas falta o es más corta, irremediablemente se caerá.

En el año 1999 tuve la fortuna de conseguir el trabajo de Gerente de Sistemas Informáticos en Durakon Mexicana. Esta planta se dedicaba a construir, por primera vez, la parte trasera de la nueva camioneta pickup que General Motors iba a lanzar al mercado. Esta parte trasera estaba conformada por unas partes de plástico termoformado especial llamados bedliners y tres cubiertas llamadas cargo covers. Durante el arranque de dicha planta, pues comenzó desde cero en la zona industrial de Lerma, en el Estado de México, vi pasar a cuatro distintos directores. Ninguno de ellos pudo hacer que la planta funcionara, hasta que llegó el quinto director, José Luis Miravete (Q.E.P.D.). Este señor, tenía las tres cosas fundamentales para echar a andar la planta: querer, saber y poder. Él ya tenía experiencia en el sector automotriz, así que cuando lo llamaron y le ofrecieron dicho puesto, fue un nuevo reto para él lograr que funcionara dicha planta, lo que hizo que tuviera el punto principal: querer. Él quiso echar a andar la planta. Los otros cuatro no dudo que también hubieran querido, pero les falto algo en particular que a continuación mencionaré. El ingeniero Miravete tuvo también algo que los otros cuatro tuvieron: poder. Se les dieron los recursos a todos para que lograran el objetivo de arrancar la planta con todos los procesos que ello conlleva. La planta principal de Durakon Industries, en Lapeer, Michigan, USA, dio la aprobación del presupuesto para que se arrancara dicha planta. Sin embargo, hubo una diferencia entre los primeros cuatro y José Luis Miravete: este último contaba ya con mucha experiencia en el ramo automotriz y no era su primer cargo dirigiendo proyectos similares. Saber. Esa al final fue la diferencia y la clave entre los otros directores que se vieron enfrentados a un problema que no pudieron resolver. Lo explico a continuación. Las partes del bedliner y los cargo covers de que se hacía la parte trasera de la camioneta, usaban pequeñas bolitas de polímero (plástico), que se fundían en una máquina extrusora que hacía láminas de cierto largo y ancho. Una vez que quedaban esas láminas hechas, éstas se metían a otra máquina llamada termoformadora, que tenía una especia de molde con la forma de la parte trasera de la camioneta, se calentaban y tomaban la forma del molde, y al enfriarse se esperaba que quedaran con la forma de la parte trasera de la pickup para que se colocaran sobre el vehículo terminado. Pues los cuatro primeros directores jamás lograron que las partes quedaran iguales a la camioneta, provocando que casi se cancele el proyecto GMT-805 (fue el nombre que se la asignó a la creación de la Avalanche). Finalmente, el director José Luis Miravete, con el equipo de metrología y producción, descubrió que las naves de la fábrica estaban conectadas por unas puertas muy amplias, que hacían que la temperatura en donde se hacía el fundido de las láminas en las termoformadoras se esparciera heterogéneamente, causando que las piezas salieran deformes, ya que la temperatura en Lerma, era muy baja en las mañanas y noches, y llegaba a tener variaciones de casi 20 grados centígrados en un mismo día. Así que se mandaron a hacer unas cortinas de plástico que aislaban la nave en la que el manejo de la temperatura era más sensible. Los otros directores no supieron ver ni resolver este problema, pues nunca habían estado al frente de un proyecto similar. Aquí, el conocimiento y la experiencia de José Luis Miravete marcaron la diferencia para que el proyecto se pudiera realizar con éxito, y a la fecha, las camionetas Avalanche siguen rodando por las calles.

Capítulo 3
Honestidad: ganar-ganar

Otro punto muy importante cuando se está ejecutando un plan de negocios, sea en una empresa donde uno trabaja o en el negocio propio que ha soñado con crear toda su vida, es el saber hablar con honestidad pensando siempre en una relación donde todos ganen. Claro, cuando uno es el dueño, ser honesto tal vez no cueste mucho trabajo, pues al fin y al cabo uno es quien paga por todo o quien invirtió su dinero para poder hacer las cosas, ¿cierto? En cambio en una empresa para la que uno trabaja, normalmente la gente se cuida más sobre las cosas que dice, no vaya a ser que ofenda a un superior (llámese jefe) y tomen represalias contra uno no dándole un bono o no promoviéndolo la siguiente vez que haya una oportunidad dentro de la jerarquía de la compañía, o aún peor, corriéndolo del trabajo por haber ofendido al jefe ¿o no? Pues ambos casos están equivocados. En el primero, aunque uno sea el dueño del negocio, lo que uno quiere es hacer que la gente entienda la visión que se tiene del negocio y que todos trabajen tan arduamente como si el negocio también les perteneciera para lograr las metas y objetivos que se trazaron en el plan de negocios. Uno debe tener el suficiente tacto para ser directo y honesto con las personas, sin herir susceptibilidades. Ya sé. La gente en Estados Unidos me dirá "¿qué importa? El que paga manda!", quizás porque allá la gente está muy acostumbrada a ir al grano cuando se trata de dinero. Pero en Latinoamérica al menos, si uno no trata con suficiente tacto a las personas, por muy bueno que sea su plan de trabajo y negocios, puede batallar con mucha rotación de personal si no sabe encontrar el punto de equilibrio entre decir las cosas que hacen falta y no hacer sentir a la gente como tonta delante de todos sus compañeros. Recuerde aquella regla del líder que dice: "Corrija en privado, recompense en público". Parece tan simple, pero muchas veces lo olvidamos cuando estamos en una posición de poder en un trabajo. En cuanto a los que se encuentran trabajando en una empresa o compañía a cambio de un sueldo, deben tener el valor de ser cándidos para decir los problemas que ven en su área, de manera que sus jefes no vean sus observaciones como un ataque a su manera de trabajar, sino una respuesta honesta a querer mejorar las cosas dentro del área. Es lo que vulgarmente llamamos, el uso de la mano izquierda. Me tocó muchas veces ver como algunos jefes confundían el ser jefe con el gritar o tratar mal a la gente. Imponerse a los demás, por la razón que sea distinta al convencimiento de que es lo mejor para el proyecto y para todos, solo causa que se pierda una relación ganar-ganar. Esto es muy importante, ya que si en una relación de trabajo, continuamente solo una de las partes "gana" y como consecuencia, la otra "pierde", tarde o temprano se conduce a la parte perdedora a no realizar bien su trabajo, a buscar trabajo en otro lado, y a distintas conductas que no se desean si lo que se quiere es que los proyectos se hagan, y al final, se convierte en una relación perder-perder. Voy a poner algunos ejemplos. En el área de compras de la empresa "X", se tiene un jefe de compras que le gusta siempre que sus proveedores le den el mejor precio, y aún cuando éstos le den un buen servicio, tiempo de entrega o calidad en sus productos, se la pasa regateando el precio, urgiendo a que le mejoren el tiempo de entrega o la calidad del mismo, como una manera de quedar bien con su jefe del área de Recursos Materiales. Al principio, pareciera que los proveedores habrían accedido de buena gana a sus exigencias, y que le dieron un mejor precio en sus suministros. Pero con el tiempo, el área comenzó a sufrir de entregas fuera de tiempo, y quejas en la parte de calidad en el servicio que le ofrecían a la compañía sus proveedores. Esto hacía que el jefe de compras se volviera aún más exigente con sus proveedores, e incluso dejó de usar el servicio de algunos para "presionarlos" a recibir un mejor servicio y hasta usar un lenguaje muy agresivo con ellos. Por otro lado, varios de los proveedores que atendían a la empresa "X", ya conocían al jefe de compras por sus intransigencias. Solía ser una persona que siempre pedía el mejor tiempo, el mejor servicio, la mejor calidad en los productos que solicitaba, y regateaba al final el valor de lo que se le entregaba. No solo eso, sino que originalmente si se acordaba un pago a 15 días, el señor deliberadamente se retrasaba o ponía pretextos de políticas de la compañía para pagar a 20, 30 o incluso 60 días, alegando que las facturas no se habían metido en la fecha acordada o en los tiempos que se tenían programados para la recepción de facturas de su compañía. Obviamente, esta era una práctica usual para lo que él creía que era "ayudar" a la compañía "X" a tener mejor liquidez retrasando los pagos a los proveedores. Error. Lo que este señor logró, fue que en vez de tener una relación ganar-ganar con los socios (proveedores) que hacían que su producción fluyera de manera continua, generaba urgencias en el área de producción cuando dejaban de tener el abastecimiento constante que necesitaban para trabajar en turnos normales y que él mismo había provocado al tratar mal a sus proveedores, y que éstos lo clasificaran a él como un "mal cliente". ¿Cuáles fueron las consecuencias? Simple. Los proveedores comenzaron a no tomar sus pedidos en serio, pues sabían que no era un buen pagador. Si tenían la mercancía que les solicitaba, pero tenían otro cliente que sí les pagaba a tiempo o dentro de los periodos establecidos, daban preferencia a estos y retrasaban la entrega a dicho cliente de la empresa "X", provocando que cuando sí le entregaban la mercancía, ya fuera urgente en el área de producción realizar la transformación de la materia prima en un producto terminado, y tuvieran que programar turnos extras para poder entregar a tiempo, aumentando los costos de dicho producto y reduciendo la utilidad para los accionistas.

Otro caso sucede por ejemplo cuando un jefe es desorganizado y llega tarde a trabajar pero exige que los demás lleguen temprano, y que cuando es la hora de la salida, hace las juntas que él por su falta de organización no pudo llevar a cabo en horas de trabajo. Quizás al principio algunos de los empleados no le digan nada por temor a perder su trabajo, y él crea que tiene a todos "dominados" y erróneamente piense que es un gran jefe al lograr que su gente "trabaje más" que otras áreas, posiblemente persiguiendo un bono o alguna otra motivación que le den en la compañía pero al que su gente no tiene acceso. Tarde o temprano, lo que va a originar es que la gente se desmotive para hacer su trabajo, o que holgazaneen en horas de trabajo porque saben que los van a hacer trabajar después de su horario. No faltará quien tarde o temprano, cuando en realidad se necesite por parte del jefe que se queden a trabajar un poco más, le llegue a responder al jefe: "tu falta de planeación no es mi emergencia", y posiblemente con justificación.

Es muy fácil creer que hacemos bien nuestro trabajo cuando abusamos de los proveedores o de las personas que están bajo nuestro mando. Pero no debemos olvidar que las relaciones de trabajo SIEMPRE deben ser ganar-ganar, porque si no tarde o temprano se volverán ganar-perder, (yo gano, mi empleado/proveedor/cliente pierde) pero solo por un tiempo, y posteriormente perder-ganar (yo pierdo, mi empleado/proveedor/cliente gana) para por último ser relaciones perder-perder (todos pierden), pues ambas partes pierden, en el primer caso, el del jefe de compras y el proveedor, uno pierde a un excelente proveedor que hacía que la producción avanzara sin problemas, y el proveedor pierde ventas con un cliente que es problemático. En el segundo, es muy probable que yo como jefe esté provocando una rotación de personal más alta, subiendo los costos de entrenamiento para determinada plaza dentro de la compañía para la que trabajo o en mi propio negocio, haciendo más difícil obtener el ROI (retorno de inversión) o desplazándolo a un punto más lejano en el tiempo, lo que da como consecuencias que los inversionistas ya no se vean tan atraídos por nuestra empresa/compañía.

La lección aquí, es que las cosas hay que decirlas con valor, pero sin querer herir a los demás, sino más bien, siempre pensando en el beneficio del negocio. Siempre hay que tener en mente que el negocio debe cumplir una relación ganar-ganar. Si mis empleados obtienen un buen sueldo, es porque yo obtengo también buenos elementos que trabajen con ánimo para cumplir mis objetivos. Pero se trata de personas, no de máquinas. Si las máquinas no pueden ser explotadas porque se queman o desgastan si no se paran en los momentos correspondientes para hacerles un mantenimiento, ¿qué nos hace creer que la gente sí puede trabajar sin descanso o motivación, que vendría siendo el equivalente del mantenimiento?

Se necesita tener el valor para decir las cosas, pero siempre pensando en lo mejor para la compañía. Por ejemplo, si uno de los empleados que se les hacía quedar más tarde de su horario normal, tiene el valor de decirle a su jefe que tiene que pasar a recoger a su hija a la escuela, o a su esposa, o tiene algún otro compromiso personal que no es de trabajo, debe comentarlo con su jefe, haciéndole ver que él se siente mejor cuando es tomado en cuenta, y que si su jefe hizo la junta después del horario de trabajo por falta de planeación, debe tener el valor de reconocer que fue su culpa y llegar a un acuerdo con su gente para evitar dichas juntas a menos que sean absolutamente necesarias, pero deben ser una excepción, no una regla. Debemos ser capaces de entender cuando una crítica es justa y constructiva. Se sabe de antemano que la gente es más productiva cuanto tiene una vida personal sana que cuando se les exige de más. Tarde o temprano las personas se desmotivan si constantemente se les pide que se queden y no hay ningún aliciente para que lo hagan.

Capítulo 4
Sensibilidad en Recursos Humanos

Karen Domínguez (nombre ficticio) aplicó para una vacante de analista de sistemas. El área de recursos humanos, para apoyar el requerimiento hecho del área de informática, necesitaba de una persona que ayudara al responsable de SAP en Ventas y Distribución, a procesar varios reportes mensuales y semanales en donde se descargaba información desde su ERP (sistema global para el control de un negocio, Enterprise Resource Planing, por sus siglas en inglés) en donde se recalcó que se buscaba un pasante o recién egresado de ingeniería industrial o sistemas, que conociera de procesos, y que de preferencia manejara Excel y macros en esta hoja de cálculo. La solicitante, Karen Domínguez, se presentó con excelentes cualidades, actividades extracurriculares donde había hecho su servicio social analizando información para el INEGI (Instituto Nacional de Estadística, Geografía e Informática en México) y aprendido a hacer segmentaciones de mercado. Sólo había un pero. A pesar de sus excelentes características y una excelente actitud para el trabajo, no había hecho macros en Excel, y por lo tanto, fue descalificada. Aquí, si me permiten decirlo, hubo un posible gran error por parte tanto del área de recursos humanos, como de la persona responsable del área de informática que solicitó a esta persona. Primero, porque si la candidata tenía experiencia en procesos, manejo de reportes, estadísticas y conocía Excel, además de tener una excelente actitud de acuerdo a los análisis psicométricos, dejó ir a un excelente candidato que pudo tener crecimiento a futuro, pues aprender macros en Excel es algo que le pudo llevar un par de horas explicar a la persona en el puesto de Ventas y Distribución, pero la actitud y la experiencia en estadística y procesos, era algo muy valioso que dejaron ir. ¿Por qué suceden estas situaciones? Por un lado, porque el área de recursos humanos muchas veces no entiende la parte técnica de la tecnología y el esfuerzo que conlleva hacer una cosa u otra. Por otro lado, posiblemente la persona en la gerencia de SAP SD no le dio importancia a la contratación de un elemento que le iba a facilitar la vida en su trabajo. Cuando alguien en una gerencia solicita personal adicional para su área, suele ser porque el tiempo no le alcanza porque está sobrepasado en sus tareas. Muchas de éstas requieren un conocimiento técnico medio para ser realizadas, y tener a alguien que le apoye en las mismas, lo liberaría para hacer funciones más especializadas de su área, en vez de pasar más de la mitad del día arreglando columnas y renglones en una hoja de cálculo. Las personas en los puestos más altos deben enfocarse en la materia de su especialidad, y tratar de delegar, en la medida de lo posible, tareas que requieran menos especialización a personas que tengan la actitud y conocimientos para hacerlas, pero si llega una persona que necesita solo un par de horas para aprender algo del puesto, vale la pena esforzarse para enseñar a esa persona algunas de las cosas que se solicitaron, y después saber que todo se va a hacer correctamente mientras el gerente se encarga de temas más sutiles y complejos. Espero haberme explicado bien. Voy a poner otro ejemplo, tal vez muy burdo y exagerado, pero es para que se entienda bien esta parte. Si por alguna razón, yo necesitara contratar a un ingeniero en informática que hablase inglés, porque necesito darle instrucciones de cómo ayudarme a realizar un proyecto que está en curso con personas que son angloparlantes, y tuviera que decidir entre un excelente ingeniero con todas las aptitudes técnicas que yo ya tengo pero que no habla inglés, y otro candidato que habla perfecto inglés pero que no sabe algunos de los temas relacionados con mi proyecto, pero que es ingeniero de formación y no se ha visto expuesto a la tecnología que me interesa, yo sin dudarlo me inclinaría por el segundo candidato. ¿Por qué? Simplemente porque enseñar a hablar un idioma a otra persona es una habilidad que puede tomar al menos un par de años, y la falta de una buena comunicación en un proyecto internacional puede llevar a resultados catastróficos. En cambio, si la persona ya habla bien el idioma, y carece de algunos conocimientos técnicos muy especializados, yo puedo ser su mentor para que entienda esa parte dedicándole quizás un par de días u horas por semana para que entienda lo que quiero, y conforme avance el proyecto, esta persona podrá poner sobre la mesa cualquier duda que hubiera con el equipo extranjero, y si técnicamente faltara algo adicional, lo podría discutir conmigo y asesorarlo para que pusiera manos a la obra en el proyecto, pero con la persona del primer perfil, tendría que estar de su traductor todo el tiempo, y las posibilidades de que algo se entendiera mal o se asumiera mal serían muy altas. ¿Se entiende? Muchas veces no le damos suficiente importancia al área de recursos humanos, o damos por sentado que ellos conocen al dedillo las singularidades de nuestra área o especialidad, dejando muy laxas las características que son realmente importantes para una contratación, o no explicando qué es totalmente necesario, y qué cosa sería un plus, pero que podría ser aprendido dentro de la compañía si nosotros nos esforzamos para capacitar y ser mentores de un buen candidato. Esta es la sensibilidad a la que me refiero en el área de recursos humanos. Saber distinguir estos detalles, y hablar claramente con los gerentes o directores cuando les solicitan a alguien, para que expliquen un poco sobre el campo de interés, amén de que también deben hacer algo de investigación sobre el campo de la persona a la que están contratando, antes de descartar de manera ilógica a un buen candidato. Otro punto a destacar, es que muchas veces las personas al contratar solo ven el panorama tipo "fotografía" de ese momento. A qué me refiero. Déjenme explicar mejor. Las compañías, empresas y negocios, no son estáticas. Van cambiando conforme evolucionan, avanzan, crecen, a veces se reproducen o a veces mueren, dependiendo del éxito que alcancen. Si uno tiene la visión de la misma, podrá observar que un área donde se lanza un nuevo diseño de automóvil o un producto que puede tener gran penetración de mercado, va a crecer en el corto, mediano y largo plazo a un cierto ritmo. Aunque no pretendo que se vuelvan gurús del mercado, si saben que un producto primero sale a nivel nacional y en uno o dos años se pretende que tenga impacto en Italia, por ejemplo, sería interesante que los aspirantes que se soliciten al área de recursos humanos, no solo cumplan con las características técnicas de cierta posición, sino que si la misma está expuesta a contacto con clientes de Italia, prever que dichas personas ya hablen italiano, o promover que en la compañía se abra la capacitación en ese idioma, por citar un ejemplo muy burdo. Los puestos y las necesidades de las compañías evolucionan y cambian con el tiempo, y si se conoce la visión de la misma, se puede uno anticipar a rotación de personal futuro debido a una falta de previsión de nuestra parte al emparejar los requerimientos actuales y los futuros, al menos en el corto y mediano plazo.

Capítulo 5
Engranes

Aunque esto puede resultar más claro en un negocio propio que en una empresa, en realidad funciona igual para ambas, pero dentro de una empresa cuesta un poco más de trabajo darse cuenta. Primero, voy a empezar a hablar sobre la diferencia entre un auto empleado y un empresario para que entiendan de lo que estoy hablando. Existen muchas personas, la gran mayoría, que son empleados. ¿Qué quiere decir esto? Que intercambian su tiempo y sus habilidades por un sueldo. Así. Llanamente. Estas personas (me incluyo en ellas) solemos tener ciertas habilidades, que pueden ser muy simples (tener la secundaria o primaria terminada) o muy sofisticadas (tener una maestría o un doctorado o especialidad en algún área de la ciencia). Sin embargo, en todos estos casos, no dejan de ser empleados. Ellos trabajan poniendo su tiempo y sus habilidades al servicio de alguien más (un empresario), que a cambio les paga en periodos determinados de tiempo un salario que se supone que va acorde a la habilidad prestada. En ocasiones, hay personas que se cansan de estar dentro de una jerarquía en una empresa, y ponen su propio negocio, pensando en que van a construir una empresa similar a aquella en donde trabajaban. Pero en realidad, lo único que hacen ahora es que cambiaron un jefe, ¡por varios jefes! Sí, ahora estas personas tienen varios "jefes". Son sus clientes. Como ellos son los expertos con más experiencia sobre el tema, se vuelven los jefes-dueños-todólogos, o los hombres orquesta dentro de su negocio. Esto quiere decir que ahora, en vez de tener un jefe, tienen varios jefes que les dicen qué hacer. Claro, ellos pueden alegar que como dueños de su propio negocio pueden llegar tarde si quieren, no ir a trabajar, y tomarse las vacaciones que ellos quieran. Pero la realidad es que suelen ser los primeros en llegar y los últimos en irse, al menos si quieren que su negocio de verdad les deje dinero. ¿Te suena? Cuando ellos están en el negocio, si les va bien, este les deja mucho dinero, pero ahora no tienen tiempo, pues están dedicados al 100% a atender a todos sus clientes tiranos. Pero si se van o se toman unas vacaciones, el negocio comienza a decaer. ¿Por qué? Pues porque pasaron de ser empleados a ser "auto empleados", no empresarios.

¿Y cuál es la diferencia entre un "auto empleado" y un "empresario"? Pues bien, la respuesta es que el auto empleado suele ser la persona con más conocimiento del negocio, sin ella los demás no saben o no tienen criterio para tomar decisiones, él o ella son los que toman las decisiones importantes porque saben al dedillo todo lo que se debe hacer en distintas situaciones, les da miedo entrenar a su gente porque creen que entonces les van a robar el negocio (o la idea de su negocio) y se van a ir para crear otro negocio que les haga competencia.

Por otro lado, un empresario no suele ser la persona que conoce mejor o que es el especialista en todo lo que pasa en su negocio. Aunque tiene una visión del mismo, este contrata (sin temor) a personas especialistas en cada área del negocio, que saben incluso más que él mismo sobre el tema, para que hagan lo mejor para su negocio. Tiene un pensamiento sistematizado. El empresario ve su negocio como un sistema creado por distintos procesos, que puede funcionar bien sin su presencia. Es más, ¡puede que hasta funcione mejor sin su presencia! ¿Por qué? Porque muchas veces cuando está ahí trata de decirle a los demás qué hacer, estorbándoles a los especialistas al hacer su trabajo. Pues bien, en un área dentro de una empresa, sucede algo similar. Para hacer que las cosas se realicen aún cuando uno esté ausente, es necesario que existan procesos encadenados unos a otros de acuerdo a los objetivos que tiene el área. Debe existir un diagrama de flujo mostrando cómo es el trabajo que debe hacerse para cada posición que exista en ese negocio, y un proceso que explique paso a paso las responsabilidades y actividades que debe realizar la persona dueña de ese proceso, así como los tiempos factibles para entregar sus resultados, de quién debe tomar información (o entradas), y a quién debe entregar sus resultados (salidas).

Ejemplo de Proceso con entradas y salidas de información.

Si somos capaces de ver nuestra área como un conjunto de engranes que forman parte de una maquinaria mayor, y los colocamos en la forma correcta, el área debería de funcionar con un "esfuerzo mínimo". Claro que hacer esto toma tiempo y esfuerzo al principio, dependiendo de qué tan sistematizada esté el área y qué tan definidos estén sus procesos. Imaginemos el siguiente caso. Una persona de recursos humanos debe publicar ofertas de vacantes disponibles en la empresa en un portal de trabajos. Cuando lo haya hecho, debe estar al pendiente de las respuestas a su oferta, y si el solicitante cubre con los requisitos principales del puesto, debe reenviar un correo electrónico al gerente de recursos humanos para que programe una cita con la persona del área que solicitó dicho recurso. Así, visto como un proceso, esto quedaría de la siguiente manera.

1. Revisar si hay solicitudes de personal en las áreas. Si es afirmativo, realizar punto 2.

2. Publicar los datos en el portal www.empleos.com especificando los requisitos y habilidades que se necesitan, así como lo que ofrece la compañía para ese puesto. Cuando se sube la vacante, llenar el formato con la fecha de publicación y nombre del que lo publicó. Ir al paso 3.

3. Revisar cada día a primera hora si hubo respuesta de alguna de las vacantes publicadas. En caso afirmativo, revisar si en el currículum del solicitante se cubren los puntos principales que se solicitaron para esa posición. En caso afirmativo, ir al paso 4. En caso negativo, archivar para futuras posiciones y anotar sus habilidades en el formato correspondiente.

4. Avisar al gerente de recursos humanos por correo electrónico que existe un candidato que cubre las expectativas para determinado puesto, y para que se agende una cita. Ir al paso 5.

5. Terminar proceso.

Este es un ejemplo muy sencillo de un proceso de recursos humanos. El siguiente proceso, debería ser el del gerente de recursos humanos, donde recibe la notificación del ayudante de recursos humanos, y procesa la misma agendando una cita con el gerente del área correspondiente. Si el candidato cubre el perfil, se dispara otro proceso de contratación, y el proceso actual termina solicitando que se cancele la vacante.

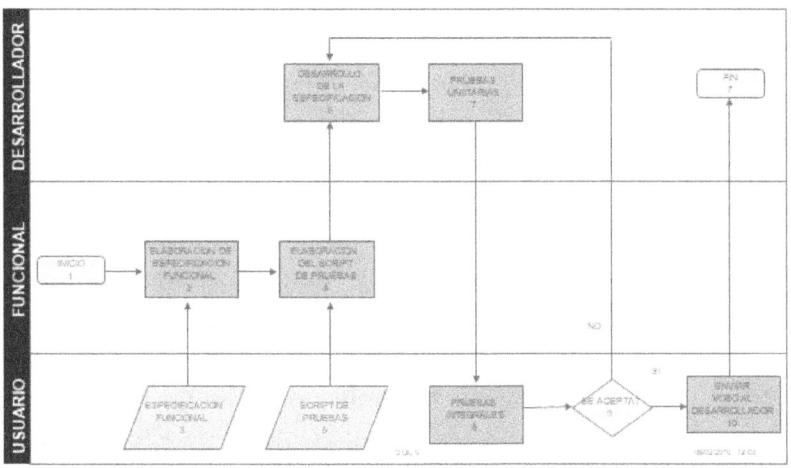

Ejemplo de un proceso de desarrollo de software explicado con un diagrama de flujo.

Si observa bien, la salida de un proceso es la entrada de otro, y los procesos se conectan unos con otros de manera tal que es como si las personas se comunicaran entre ellas para realizar el trabajo. De hecho, los procesos son la descripción de las tareas que deben realizar las personas dentro de un puesto de trabajo. Mientras mejor esté documentado cada puesto de trabajo en su área, menos ambigüedades existirán, mayor certidumbre habrá de parte de cada persona en su puesto, y se elevará la productividad al haber una homologación de las actividades de cada puesto, así como límites para lo que hace cada persona, y mejora continua cuando las personas vayan dominando sus actividades dentro del trabajo. Cuando no existe un sistema, cada quien hace las cosas que "cree" que le corresponde hacer, suele haber ambigüedades (dos o más personas realizando la misma tarea), o brechas (dos o más personas creyendo que alguien más tenía que hacer una tarea y nadie la hizo), no hay manera de saber quién hizo qué (falta de trazabilidad y seguimiento a las actividades dentro de la compañía), y por consiguiente, retrasos en la entrega de información y en dar los resultados esperados. Además, todos estos procesos una vez que se cubran los más importantes, continuarán evolucionando, y cada gerente de área debe tener la tarea de revisarlos cuando menos una vez por año, para actualizarlos o mejorarlos, pues los negocios son como seres vivos: nacen, crecen, maduran y mueren. Es todo un ciclo que se repite, pero si uno crea los procesos mínimos necesarios para que el negocio fluya, esto ayudará sobremanera al negocio. Volviendo al ejemplo original del auto empleado y el empresario, un empresario ve su negocio como un sistema donde un diagrama de flujo tiene distintos procesos y existen personas responsables de cada proceso, con entradas de información y salidas con información para el siguiente proceso, hasta llegar al resultado deseado del negocio. Cuando se tiene un sistema así, el empresario tranquilamente puede dejar el negocio, y saber que de todos modos las cosas se están realizando. Tener un sistema hecho con procesos, hace que un negocio pueda ser duplicable (crear sinergias) y esto haga que aumente el valor del negocio. Un ejemplo clave son las franquicias de hamburguesas de McDonald's. Muchas personas son capaces de hacer una hamburguesa mucho mejor que la de McDonald's. Pero McDonald's tiene un sistema que fue capaz de replicar a nivel mundial. Actualmente hay McDonald's en casi cualquier país del mundo. Esa fue la diferencia entre poner un puesto de hamburguesas pensando en la hamburguesa, y poner un negocio de hamburguesas pensando en el sistema. Los sistemas tienen procesos que forman los engranes de una maquinaria. Esta maquinaria funciona bien si los engranes están bien hechos, y ya no necesitan de la supervisión de un hombre orquesta para que funcionen. Funcionan gracias a sus engranes: los procesos sistematizados.

Capítulo 6
Indicadores clave de rendimiento

En el capítulo anterior mencionamos que uno de los puntos para hacer que las cosas sucedan, era tener un sistema compuesto de procesos interconectados entre sí por un flujo. Una vez que se tenía realizado todo el flujo y documentados todos los procesos, era viable medir los resultados, y algo que se puede medir, se puede mejorar. Sin embargo, no siempre es fácil saber cómo medir algo dentro de un área de una compañía o un negocio propio. Y también, no todo se debe medir. En mi experiencia, por lo regular se miden los cinco procesos clave del negocio, para saber si se está avanzando en la dirección correcta. Así que el primer paso, es definir qué es realmente importante para el área o para el negocio. Voy a tratar de ser más específico con un ejemplo.

En la Cervecería Cuauhtémoc Moctezuma, cada director de una OVD (Organización de Ventas y Distribución) se conformaba por varios estados de la República Mexicana. En ella, tuve oportunidad de escuchar a uno de los gerentes de los estados explicarnos cómo hacían sus metas de ventas. Para empezar, a los gerentes su director les decía cuál era la inflación esperada para ese año, cuál había sido el volumen de ventas del año anterior, cuál era la PDM del negocio (Participación de Mercado), y cuál era también la rotación del personal. Con estos número, ellos presentaban una propuesta al director de cuál era la meta que buscaban, y el director corregía hacia arriba o abajo dicha meta, de acuerdo con la visión y los recursos con que iban a contar ese año. Pondré a continuación un ejemplo muy simple.

Supongamos que el año pasado el negocio vendió $100 pesos de cerveza en todo el año. Supongamos también, que la inflación para este año que viene es estimada por el Banco de México en un 5%. Basado en esto, si el negocio no quisiera crecer, sino simplemente mantenerse igual que el año anterior, debería tener ventas esperadas de al menos $105 pesos en todo el año. Pero si por alguna razón se deseara tener un aumento en las ventas del 10% comparado contra el año anterior, las ventas no deberían ser de $110 pesos, pues esto no contemplaría la inflación. Al menos, deberían ser de $115.5 pesos, pues estaríamos contemplando el 5% de inflación más el aumento del 10% que se espera de aumento de ventas contra el año anterior.

Sin embargo, aún teniendo este número en la mente, si lo que realmente se espera es que se mejoren las utilidades de la empresa o negocio contra el año anterior, se deben considerar también los gastos de operación involucrados para lograr dichas ventas. ¿Qué quiero decir? Pues bien, imaginemos que el año pasado, para lograr esos $100 pesos de ventas, se tuvieron que gastar en total $70 pesos, entre sueldos, rentas, gasolina para la distribución, publicidad, etc. Entonces, después de haber hecho todos los gastos, en realidad el negocio tuvo una utilidad de $100-$70 = $30. Si queremos que este año logremos una mejora del

10% en la utilidad que se refleja para el negocio, entonces debemos estar monitoreando también el gasto de la operación. Usualmente estos indicadores se revisan diariamente, y se hace un corte mensual para ver si al final del mes se alcanzó la meta o no, al final de cada trimestre cuando se cotiza en bolsa, y al final del año para ver el resultado del año fiscal. Debemos tener cuidado al elegir cuáles deben ser nuestros indicadores clave, pues si solo nos enfocáramos en las ventas, imaginemos que al finalizar el año se alcanzaran los $120 pesos en ventas, pero por no vigilar el costo de la operación esta se fuera a $115 pesos. De entrada, pareciera que las ventas subieron en un porcentaje importante y valdría la pena premiar con algún bono a los vendedores. Sin embargo, si tuviéramos también el indicador del costo y la inflación, nos daríamos cuenta que nuestra verdadera utilidad fue solo de $5 pesos, cuando la meta real era que la utilidad hubiera sido de $30 \times 1.05 \times 1.1 = 34.65$. Tuvimos en realidad ¡una caída en la utilidad esperada del 85.5%! Entonces, ¿qué debemos hacer para que estas cosas no nos sucedan? Primero, debemos evaluar bien cuáles son nuestros indicadores clave. Me tocó ser el Líder de desarrollo en SAP ABAP en Ferromex del 2010 al 2017, y en esos años, cuando comencé a evaluar el estado de los desarrollos, llegamos a tener dumps en los programas Z (desarrollados en casa, no el estándar de SAP) de hasta 600 por día. Estos dumps, afectaban la operación del negocio, ya que cuando sucedían, el programa se detenía totalmente sin entregar su resultado. Como había muchos programadores subcontratados externamente de distintas consultoras, era necesario hacer que se homologara la manera de desarrollar por parte de todos estos expertos en programación, para facilitar el mantenimiento de los programas, pues sucedía con frecuencia que un consultor hacía o corregía un programa, nombraba sus variables de cierta manera, y después de poco tiempo, se iba a otro proyecto fuera de Ferromex y a veces ya no se le veía nunca más.

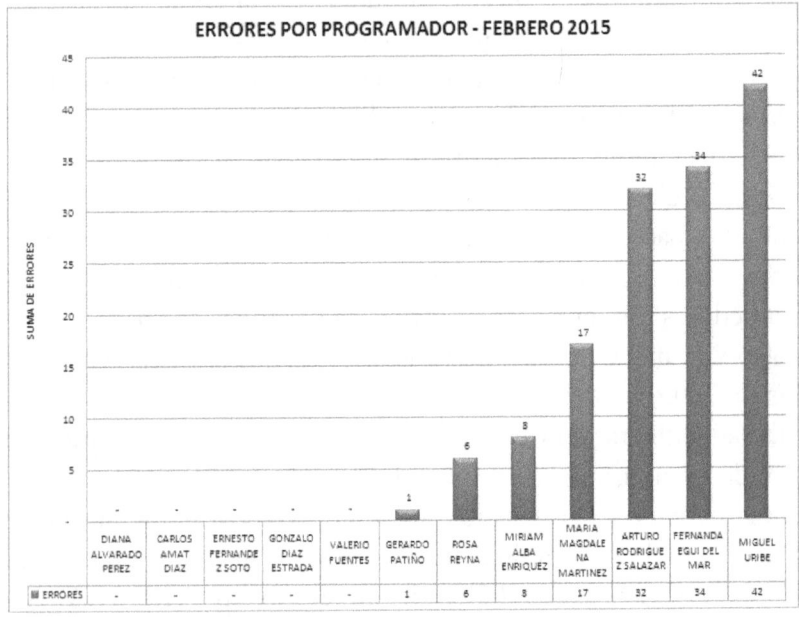

Ejemplo de KPI indicando la cantidad de errores liberada por programador.

Cuando dicho programa fallaba, encontrar el problema implicaba que los consultores que teníamos en ese momento contratados en casa, no conocían dicho programa y tenían que invertir tiempo debuggeando el mismo para poder encontrar el error, lo que aumentaba los costos del mantenimiento porque por muchos años no se había seguido una política que exigiera la documentación de los mismos, pues esto llevaba más tiempo y más pago a los consultores. Para remediar todo esto, el primer paso que realizamos (en conjunto con los consultores que llevaban más tiempo y tenían más experiencia en Ferromex) fue dictar un documento explicando las mejores prácticas de programación que deberían ser usadas dentro de Ferromex, así como una nomenclatura para nombrar las variables, a fin de que todo mundo entendiera siempre el código más fácilmente, aunque él no hubiera hecho el desarrollo original.

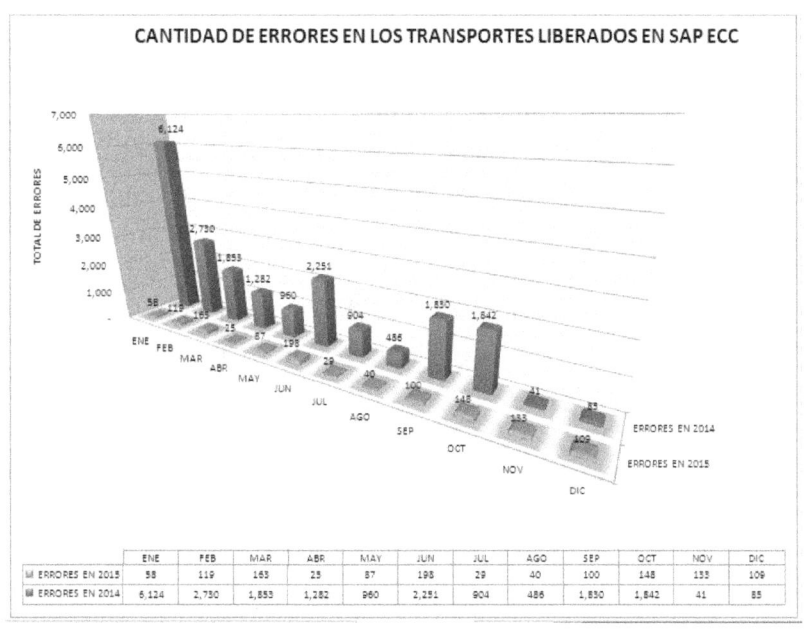

Ejemplo de KPIs midiendo la cantidad de errores provocados por los desarrollos por mes, en los años 2014 y 2015.

Segundo, se hizo un procedimiento en el que al contratar a gente nueva para el área de desarrollo, estos se comprometieran a leer y usar dicho estándar. También los que ya estaban tuvieron que leer y apegarse a dicho estándar, con condiciones de que si no se usaba, podría causar la rescisión de su contrato. Tercero, se implementó una metodología en Code Inspector para medir la cantidad de errores que provocaban un dump en el sistema productivo, y quién había sido el último desarrollador en tocar dicho objeto. Cuarto, se crearon KPI's que medían la cantidad de dumps por programa, y qué programadores se apegaban más al estándar de Ferromex y tenían menos dumps en sus programas.

Por último, se utilizó Solution Manager para centralizar la documentación de los programas realizados. Los resultados de cada mes se publicaban a la vista de todos en mi cubículo, y se les enviaba una copia por correo electrónico a los desarrolladores, a fin de que vieran su mejoría y el impacto que tenía su apego a las mejores prácticas de desarrollo en el mejor rendimiento del sistema productivo. En menos de tres años, los dumps bajaron de más de 600 por día, a 12 en promedio. Me atrevo a decir que el tener los KPI's adecuados, publicar un tablero (o balance scorecard en inglés) en donde la gente vea su desempeño y hacer una estrategia de seguimiento a lo que realmente importa en el área para mejorar un punto crítico, puede hacer la diferencia para acercarse más a una meta y que las cosas se hagan.

Capítulo 7
Señales

Una de las tareas más importantes y en ocasiones difíciles de lograr cuando se dirige a la gente en una empresa o negocio, es enviar las señales correctas para que la gente entienda un mensaje. También, esta es una de las tareas en la que más fácilmente se cae en el error de creer que la gente ya entendió lo que uno desea que hagan y la urgencia con que uno desea que se hagan las cosas. Si tienes la suerte de estar en un puesto directivo, posiblemente cuentas con mucha más información que el resto de tu equipo. ¿No sabes a qué me refiero? Pues si trabajas para una empresa como director, sabes cuál es la participación de mercado de la empresa, cuáles son las empresas de la competencia, cuáles son los puntos fuertes y débiles de la compañía, la cantidad de presupuesto que tienes para hacer las cosas, quiénes son o podrían ser tus aliados, cuál es la visión de los accionistas para la empresa en los siguientes años, y toda esta información, te da visibilidad sobre las tareas que se tienen que realizar para alcanzar dichos objetivos. Sin embargo, la gran mayoría de las personas que están en tu equipo, no tienen toda esta visibilidad. Y esto, aunque no lo entiendas, hace que la gente en ocasiones (la mayor parte de las ocasiones) no obedezca las instrucciones con la misma celeridad con la que lo harías tú, que tiene todo el conocimiento sobre el tema. Es muy similar a caminar con los ojos vendados y hacerlo sin una venda. El que ve lo que sigue, da los pasos con seguridad, pues sabe que no hay obstáculos, y si los ve, los evita con toda confianza. Pero la persona que tiene la venda en los ojos y le dicen que avance, va a ir más despacio para evitar algún tropiezo.

Cuando trabajé en Cervecería Cuauhtémoc Moctezuma, tuve la oportunidad de ir a un curso de Coaching y Liderazgo. En ese curso, tuvimos que realizar varios ejercicios. Para entender el punto que estoy mencionando en este momento, voy a describir dicha dinámica. El objetivo era permitir que cualquier ejecutivo que tuviera gente a su cargo, entendiera la complejidad entre trazar un plan y que lo ejecutara la gente de la operación. Se necesitaba el siguiente material:

- 6 personas por equipo: 1 persona es observador, 1 es líder, 4 son operadores

- 4 pañoletas para vendarles los ojos (por equipo)

- 1 Flecha con 4 cordeles de 1 metro atados a una punta

- 1 Tubo de 40 cm de longitud con base

- Lápiz y papel para anotar

Las instrucciones eran las siguientes:

1. Se divide todo el grupo en tantos equipos de 6 personas como sea posible.

2. Se separa a todos los operadores, líderes y observadores en diferentes áreas, de manera que se puedan dar las

instrucciones a cada grupo sin que se enteren los de diferente grupo.

3. A los operadores, se les dice que el líder les va a dar las instrucciones y se les pide que se venden los ojos con las pañoletas para que no puedan ver.

4. A los observadores, se les dice que anoten sus comentarios acerca de si el líder se desespera, hace buenas observaciones, tiene paciencia, etc. y el comportamiento de los operadores.

5. A los líderes se les explica, que tienen que hacer que cada uno de los operadores (ya con los ojos vendados y sin mostrarles el material) tome una parte del cordón de la flecha. Tiene que describir el material de la figura, y después darles instrucciones para que tensando los cordones y jalando y bajando los mismos de manera sincronizada, introduzcan la flecha en el tubo, todo sin ver.

6. La dinámica lleva 15 minutos, sea que terminen todos o no. El equipo que va terminando puede discutir sus impresiones entre ellos al quitarle las vendas a los operadores.

7. Al pasar los 15 minutos, se pide a todos que se quiten las vendas si algún equipo no completó la dinámica, y que discutan entre ellos las anotaciones de los observadores.

Para que nos demos una idea de lo que estamos hablando, abajo muestro la figura con el material ya preparado.

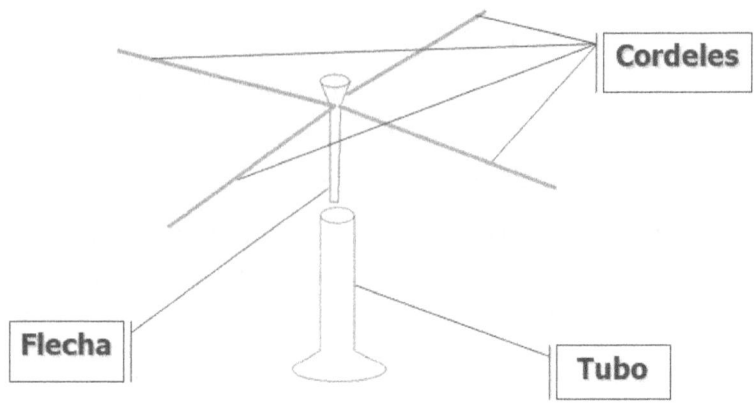

Como se puede observar, el material no es algo que típicamente se encuentre en nuestra vida diaria, y por consiguiente no es fácil para los que no lo están viendo, seguir las instrucciones a ciegas de la persona que sí lo ve. Este tipo de ejercicio pretende hacer ver a las personas que cuentan con más información en un corporativo (o los dueños de un negocio que tienen una visión muy clara en su mente), que deben ser pacientes al dirigir a la gente, y tratar de ser lo más explícito posible cuando la gente se acerque a uno para que se le explique el plan. Cuando terminamos este ejercicio, fue muy obvio para los que les tocó dirigir, que necesitaban dar explicaciones muy precisas a los que tenían los ojos vendados. Una de las conclusiones fue precisamente que debían tener paciencia al explicar, y que esto equivalía a tener que dedicar tiempo al equipo para ser muy claros en los objetivos que se quieren alcanzar. Por otro lado, a los que les tocó seguir órdenes con los ojos vendados, esto les abrió los ojos a que deben ser muy abiertos para cambiar la actitud y obedecer instrucciones de los superiores en un proyecto, aunque a veces no se entiendan completamente las razones.

Cuando trabajé en Cervecería Cuauhtémoc Moctezuma, recuerdo que hubo un incendio en una de las agencias, y aunque afortunadamente no hubo ningún herido, hubo consecuencias por los papeles y cosas que se quemaron, habiendo pérdidas materiales. Después de que se realizó el peritaje, recuerdo que se mencionó que el incendio posiblemente tuvo su origen en un cesto de papeles en donde por descuido se arrojó una colilla de cigarro que no se apagó correctamente. Cuando esto se supo, el director de la cervecería (CCM para abreviar), el Lic. José Luis Ochoa, envió un memo a todos los jefes de agencia y gerentes de estado indicando que a partir de ese momento, quedaba estrictamente prohibido fumar dentro de cualquiera de las instalaciones de CCM como medida para evitar otra tragedia similar a la ya ocurrida. Para esto, voy a mencionar que el negocio de la cerveza suele generar mucho poder entre las personas que la dirigen, por la gente que la consume, y esto a veces dificultaba la labor del director para hacer que todo mundo se alineara a su estrategia. Esto particularmente se estaba dando con el gerente del estado de Guerrero, una zona en la que la gente suele ser conflictiva y reacia a obedecer órdenes. Por si esto fuera poco, el mismo gerente de ese estado, no recuerdo su nombre en estas fechas, solía fumar mucho, y dice el dicho que lo que haga el jefe, eso harán los subordinados, por lo que repartidores, estibadores, y mucha de la gente que trabajaba en las oficinas principales de Guerrero, en la agencia de ventas de la ciudad de Acapulco, solían fumar también, sin ninguna restricción, debido a que veían que el gerente así lo hacía. Pues bien, estaba yo en Acapulco realizando una tarea de mi trabajo como coordinador de logística, justo afuera de la oficina del gerente de ventas de Guerrero, cuando vi llegar al Lic. José Luis Ochoa. Éste dejó la puerta abierta al entrar a la oficina del gerente de ventas, y comenzó una charla amistosa con él mientras el gerente del estado fumaba un cigarro. Le preguntó si había recibido el memo solicitando que se difundiera entre todos en las agencias que estaba prohibido fumar a partir de la recepción y lectura de dicho documento, a lo que éste respondió que sí. En ese momento, el Lic. Ochoa se levantó y le pidió al gerente que pasara a recursos humanos, y el gerente le preguntó que para qué. La respuesta del licenciado Ochoa no pudo ser más clara: "Para que te den tu cheque de liquidación". En ese momento comenzó a discutir el gerente de la agencia, pero el Lic. José Luis pidió a los oficiales que resguardaban la agencia, que acompañaran al gerente de ventas a recibir su cheque y a que saliera de ahí. Estaba despedido por no acatar una orden directa del director. El asombrado gerente se atrevió a decirle al director que él no podía hacer eso, pero el director le dijo que precisamente esa era una de las cosas que avalaba ser director y no gerente: él tenía el poder de contratar o despedir a quién considerara necesario en CCM en la OVD centro. Al final de cuentas, el director envió un par de señales a todo el mundo dentro de la organización: primero, cuando el director enviaba una orden o un memo para su ejecución, ésta debía ser realizada inmediatamente. Segundo, si por fumar un cigarrillo se había corrido al gerente de todo un estado, ¿qué podía esperar alguien que se encontraba mucho más abajo en la jerarquía de la empresa? A partir de ese día, se corrió la voz, y en todas las agencias se dejó de fumar. Esto es un ejemplo de enviar señales a la gente. Lo que me recuerda algo que el Lic. Ochoa comentó en una ocasión. "Si yo les platico del plan que tengo y les pido que realicen ciertas cosas, pero ustedes no confían ni creen en lo que les estoy pidiendo, y aún así realizan lo que les pedí, y al final del año no se alcanzan los resultados, me voy de la compañía. Pero si por no creerme, ustedes no realizan las acciones que yo les estoy pidiendo, y al final del año no se consiguen las metas, ¡se van ustedes de la compañía!".

Otro ejemplo de señales que me gustó mucho testificar, fue en 1999 cuando Durakon Mexicana estaba arrancando la planta para hacer la parte trasera de la camioneta Avalanche de General Motors. Se rentaron tres naves comerciales en la zona industrial de Lerma, Estado de México, y se necesitaba hacer prácticamente todo: hacer la instalación eléctrica, la red LAN para las computadoras, comprar el equipo de cómputo, adquirir el conmutador y hacer la red WAN para implementar VoIP con las oficinas de Michigan y Tennessee, comprar muebles y escritorios para el personal administrativo, comprar e instalar el equipo industrial (termoformadoras, extrusoras, robots, etc.) para hacer la parte trasera de la camioneta, y contratar al personal obrero para enseñarle a usar todo este equipo nuevo. Y en este último punto, se tuvo un problema que si no hubiera sido por la excelente ejecución de José Luis Miravete, su director, no se habría logrado a tiempo. Sucede que se tuvieron que contratar a muchas personas para cubrir los tres turnos de trabajo en las extrusoras, termoformadoras y robots que creaban los bedliners y cargo covers de la camioneta. Sin embargo, el personal de producción solía entrar a las 7 am, mientras que el personal administrativo lo hacíamos a las 8 am. Cuando todo un mundo de gente comenzó a llegar la planta en el primer turno de producción, a las 7 am, se comenzó a tener el problema de la falta de puntualidad. Los supervisores no tenían la autoridad para presionar a los obreros a llegar a tiempo, y el gerente de recursos humanos, por tener un puesto administrativo, llegaba hasta las 8 am. Lo que hizo el director fue enviar un memo con copia a todas las personas que laboraban en la planta, para señalar que partir del día siguiente, el horario de entrada era a las 7:00 am, y que en el caso de los obreros, a las 7:00 am ya tenían que estar en la línea de producción, ya que al investigar los hábitos de trabajo, los supervisores mencionaron que la gente que llegaba a las 7:00 am, pasaba a bañarse a los vestidores, se cambiaba de ropa, a veces hasta desayunaban ahí, y ya después iban a su línea de producción. La orden del memo fue clara: si alguien llegaba tarde, se le regresaría a su casa y se le descontaría el día. Tres retardos seguidos, causaban baja automática del trabajo.

Por supuesto, esto levantó algunas quejas del personal administrativo, sobre todo de algunos gerentes con importantes puestos en la compañía, que vivían en la Ciudad de México, pues alegaban que para ellos no era necesario llegar a esa hora, y que la distancia al trabajo les dificultaba mucho llegar temprano.

Al día siguiente, el director de la planta desde las 6:45 am ya estaba detrás de la puerta principal de entrada (que por cierto, limitó a una sola para poder controlar las entradas). Así, saludando y dando el "buenos días" a todos los que llegábamos en la mañana, a las 7:00 am en punto mandó a cerrar la puerta. Desafortunadamente, muchos obreros no llegaron a la hora, y se les regresó a su casa descontándoseles ese día de paga. No solo eso, sino que uno de los gerentes que venía de la Ciudad de México, también se le descontó el día, a pesar de que fue a reclamar que se le dejara entrar. Se le regresó a su casa. Toda la semana, el mismísimo director de la planta, José Luis Miravete, estuvo en la puerta para vigilar que la gente llegara temprano. Por supuesto, hubo muchas bajas al principio. Pero envió una señal muy clara a todo el mundo: cuando el director envía un memo con una orden, ¡SE CUMPLE! Porque si regresaba y descontaba el día a un gerente de un área, ¿cómo se iba a tentar el corazón por un obrero? Tal vez no se escuche muy bonito ni políticamente correcto, pero la señal correcta llegó a toda la planta. Todos teníamos que obedecer, y si no, había consecuencias. La semana siguiente, empezó a ir a recibir a la gente un día sí y un día no, y luego de manera aleatoria, así que la gente ya no sabía si algún día se encontraría con el director en la entrada para darle el buenos días o las gracias por haber llegado tarde, pero con esto, él mismo aseguró, primero, dedicarle atención a un tema que se había vuelto crítico para la elaboración del producto, y segundo, restarle tiempo poco a poco para dedicarlo a otros temas, pero dejando bien claro que si algún día alguien no llegaba a tiempo, era posible que se encontrara con el mismo director. Posteriormente, se instalaron sistemas de reconocimiento biométrico para que no hubiera problemas de intercambio de tarjetas para checar las entradas y salidas a trabajar, y se solucionó el problema. Este fue un excelente ejemplo de ejecución para hacer que las cosas se hagan.

Capítulo 8
Pirámide

Puede parecer obvio o no, pero una cosa es muy cierta: la ejecución, para que se realice a nivel de toda una empresa o negocio, debe venir desde arriba. No hay más. Claro, si tú eres jefe de área dentro de un gran corporativo, y tienes suficiente libertad, puedes influenciar a la gente que trabaja contigo en dicha área desde tu posición hacia abajo en la jerarquía. Pero influenciar a los del área contigua, o a los que están por encima de ti, va a ser muy difícil, por no decir que imposible. Veamos un ejemplo de esta teoría. En 1999 trabajaba yo como Gerente de Sistemas en Durakon Mexicana. Ahí, me tocó ver cómo pasaron cinco distintos directores para echar a andar la producción de la planta, y mientras yo me peleaba para poder realizar la implementación de la red LAN para las computadoras locales, la red WAN para conectarse con la matriz central en Michigan, la red de energía eléctrica, pues había un problema de electricidad pues en la zona industrial en donde se ubicaba la nave de Durakon la energía era muy variable, la selección del equipo de cómputo y del servidor central, así como la selección, compra y puesta a punto de un conmutador de voz sobre ip, mis planes estuvieron estancados mientras veía desfilar un director tras otro. Aunque mis intenciones eran buenas y yo quería sacar adelante todo este trabajo, no fue sino hasta que el Ing. José Luis Miravete tomó la dirección, tuvo toda la visión de lo que se requería para arrancar la planta, Y ME APOYÓ PARA QUE SE HICIERAN LAS COSAS, que tuve finalmente el banderazo de salida para empezar realmente a trabajar. A menos que tenga uno total independencia sobre su área y el presupuesto, uno solo puede influenciar la ejecución con las personas que están por debajo de uno en la jerarquía, aprovechando el poder de facto que se tiene por estar encima de la jerarquía. Pero por arriba de ella, uno no tiene mayor poder, y para hacer que toda una compañía o negocio funcione a un mismo ritmo, es necesario tener el poder de decidir. Si uno no lo tiene, es necesario que la persona por arriba de uno lo empodere, para que los demás se alineen al plan. Ojo, con esto no quiero decir que simplemente con tener o estar en el punto más alto de la jerarquía las cosas van a suceder. ¡Nada de eso! Es necesario llevar a cabo toda una serie de pasos para hacer que las cosas sucedan. Pero lo que sí digo es, que si no tiene uno el poder o la jerarquía para decidir y tomar decisiones que los demás deberían de acatar, definitivamente NUNCA se va a lograr que las personas realicen una excelente ejecución de los planes de negocio.

Para convencer al Ing. Miravete de todo lo que quería llevar a cabo, tuve que presentar un plan de trabajo donde primero que nada, solicitaba al área de recursos humanos que me hiciera un desglose en una hoja de cálculo con un calendario de todo el año, y me dijera cuántas personas se iban a contratar en Durakon cada mes, y si estas personas iban a necesitar trabajar con una computadora y una línea telefónica, si iban a necesitar imprimir o no, y qué posición tentativa iban a tener en un plano de la compañía donde aparecía la maquinaria y los escritorios en los lugares correspondientes. Con esta información, tuve que planear cuánto dinero iba a necesitar en todo el año, y cuánto en cada mes, de acuerdo a los equipos de cómputo que se debían comprar, la cantidad de nodos que debía tener la red, la cantidad de líneas telefónicas que se iban a contratar, tipo de conmutador y precios aproximados, así como la selección de software que iba a utilizar cada persona en su puesto, y las licencias para el ERP. Así, en vez de pedir el dinero de un solo golpe, se planeaba el flujo de efectivo necesario de acuerdo a las necesidades de crecimiento de la planta mes por mes a lo largo de todo el año. Cuando presenté este plan con el CFO de la compañía, me pidieron que viajara a Michigan para ver qué tan real era el mismo comparándolo con el director de TI de Durakon Industries, Joe Mawhinney. Después de un par de semanas de discutir el plan y demostrar que realmente se necesitaba todo esto, regresé con mi plan firmado desde las oficinas centrales y el director de Durakon Mexicana tuvo que aceptar el presupuesto que se autorizaba desde Estados Unidos. Jerarquía. En los grandes corporativos, para que las cosas se hagan, se necesita la aprobación y soporte de lo más alto que se pueda llegar para que todo funcione. Una vez hecho esto, pude comenzar a contactar proveedores y los que nos dieron las ofertas más interesantes fueron a los que se les adjudicó el proyecto para comenzar. En menos de un año, logramos echar a andar toda la red de cómputo y telefonía para Durakon Mexicana, así como los procesos de implantación del ERP, capacitación, licencias y sistemas de respaldo. Un proyecto excelentemente planeado... con el apoyo de las cabezas de la organización.

Si yo hubiera querido realizar todo este plan por mi cuenta, por muy bien hecho que hubiera estado, jamás habría recibido un solo centavo para hacer las compras y adquisiciones con los proveedores, pues necesitaba la aprobación de varias personas en los más altos niveles para que validaran mi trabajo y empoderaran mis decisiones.

Capítulo 9
Finanzas

Aunque la parte de la estrategia de negocios y la operación es algo que a mí en lo particular me encanta y se me hace muy entretenido, para realmente lograr una ejecución excelente en cualquier negocio, es necesario que todos en el equipo sepan algo de finanzas básicas. Muy básicas tal vez, pero esenciales. Es necesario que la gente de ventas conozca su punto de equilibrio. ¿A qué me refiero con esto? Aunque explicar con detalle de contador público lo que es una balance, un estado de resultados y otros términos financieros que no dudo que los contadores manejen muy bien, lo que toda persona en una compañía debe tener una idea, es cuánto trabajo debe realizar para alcanzar día a día su punto de equilibrio. Voy a tratar de explicarlo en términos muy coloquiales y simples. Haré algunas hipótesis quizá algo fantasiosas, pero que servirán para hacer el ejemplo muy fácil de entender. Pensemos en un negocio que no paga renta (acabo de decir que es algo fantasioso), luz, agua ni teléfono. Simplemente está el dueño y tres empleados, y el local es propiedad del dueño y no necesitan los servicios mencionados arriba. El negocio se trata de vender canicas. Cada canica cuesta $0.50 pesos y se vende en $1.00 peso. A cada vendedor se le paga un sueldo fijo de $5,000.00 pesos al mes, y el dueño tiene un sueldo (o al menos lo quiere ganar) de $10,000.00 pesos mensuales.

Imaginando como mencioné arriba, que no se paga renta, luz, ni agua ni ningún otro gasto fijo ni variable, sino simplemente los salarios, la nómina total, incluyendo a los vendedores y al dueño, es de $25,000 pesos mensuales. Para que esto se logre, como el dueño no vende, sino que se dedica a hacer labores administrativas, los vendedores tienen que cargar con su propio sueldo más el del jefe, es decir, ellos deben producir cada uno $25.000 pesos/4 personas = $6,250 pesos al mes. Como cada canica deja una utilidad (sin considerar impuestos y otras cosas) de $0.50, cada vendedor debe logar ventas al menos de 6,250/0.5 = 12,500 canicas/mes. Si en promedio trabajan 22 días al mes, cada día deberían tener una meta mínima de 12,500/22 = 569 canicas por vendedor. Si un día venden menos, digamos 500 canicas, el día siguiente deberían vender las 569 más las 69 que no vendieron el día anterior, es decir, 638 canicas para no quedarse atrás en su meta de ventas y llegar al menos a su punto de equilibrio. Claro, si lo que se desea en el plan de negocios es que ese mes se aumenten las ventas en un 10%, lo mínimo que deben vender son las 569, pero para llegar a la meta del 10% adicional, se debe sumar ese 10% a cada día, para un total de 569 + 57 = 626 canicas. ¿A qué voy con todo esto? Que cada gente involucrada en el negocio, debe conocer de manera aproximada (lo mejor sería exacto, y se podrían apoyar con el contador de la empresa y el director de operaciones o producción) para saber cuál es lo mínimo que se debe generar para que el negocio marche y se cubra al menos el sueldo de cada quien. Es importante notar que las personas de ventas cargan con el peso de todos los involucrados en el negocio, porque suelen ser los que mueven el servicio o producto hacia los clientes, pero hasta el contador con su trabajo debería ser capaz de cuantificar qué debe hacer para que su sueldo sea pagado, aunque ese ya es un ejercicio algo más complejo para incluir costos indirectos en el cálculo del punto de equilibrio. Espero que este sencillo ejercicio le permita al lector cuestionarse sobre si la manera en que está dirigiendo su negocio, los sueldos que se pagan y los gastos indirectos, son realmente justos y si efectivamente se están generando utilidades en su área o si su área es una carga para el resto de la compañía. Se deben hacer ejercicios incluyendo rentas, luz, sueldo variable (cuando a los vendedores se les dan comisiones por llegar a metas de venta acordadas), y hacer que la gente en el área de ventas sepa cuál es su punto de equilibrio y las razones para esto. Ellos deben entender claramente que si no se generan utilidades en la compañía, el negocio no es rentable. También, para el que es director de operaciones, comprenderá mejor la importancia de una estrategia del tipo Lean Manufacturing, donde al ir haciendo las cuentas de lo que impacta en el punto de equilibrio de los vendedores (para este caso tan sencillo), habrá áreas que aumenten la carga o la disminuyan. Se supone que en una compañía o área que hace una buena ejecución, todas las áreas están para soportar y ayudar al área de ventas. Si un área genera demasiados gastos (como en este ejemplo, el propietario causa una carga que los tres vendedores deben sacar adelante), esa área se deber reducir tanto como sea posible para se maximicen las ganancias en la compañía.

Esto debería dejar claro que cuando todo el equipo está consciente de lo que deben de trabajar para que la compañía salga adelante, hace su trabajo a conciencia, a sabiendas que de no hacerlo así, sería una carga para los demás. Me ha tocado ver en muchas de las compañías en que he trabajado, como mucha gente, por falta de una política de ejecución, como cobran lo mismo cada quincena sin importar si trabajan o no, prefieren holgazanear en su posición en el trabajo, ya sea por ignorancia, comodidad o falta de ética. El siguiente punto una vez que éste ya se ha comprendido, es entender qué estrategias se pueden seguir para que la gente se motive y esfuerce en hacer mejor cada vez su trabajo. El área de recursos humanos debería de tener ya algunas ideas que podrían llevarse a cabo en una empresa o negocio. Algunas de estas pueden ser: bonos por llegar a metas de ventas, bonos por puntualidad en todo el mes en áreas administrativas, sanciones por impuntualidad o retardos (así como hay refuerzos a ciertas actitudes, también hay sanciones para los que no las cumplen), muro de la excelencia con publicaciones de los mejores empleados del mes (la gratificación no es en dinero, es en reconocimiento delante de sus compañeros), etcétera.

Algo que la gente debe estar consciente, es que si ellos no hacen correctamente su trabajo, alguien más en la compañía va a padecer por esta ineficiencia, y la compañía debe ser responsabilidad de todos, así como su rentabilidad no puede caer sólo sobre la gente de ventas: todos apoyamos con nuestra parte para hacer la compañía más eficiente.

Capítulo 10
Jugando a las canicas

Como acabamos de mencionar arriba, el dinero es importante. ¿Qué tan importante? Muchas veces me gusta pensar qué es lo que ocupa la mente de un CEO o un CFO dentro de una gran compañía que ha tenido éxito por muchos años consecutivos y que se ha mantenido en el top 500 de la revista FORBES. Pues leyendo muchos libros y revistas del tema, y platicando con amigos que son empresarios o dueños de negocios, llegué a esta breve conclusión: piensan en cómo hacer dinero.

En el año 2003, cuando fui contratado por la Cervecería Cuauhtémoc Moctezuma como ejecutivo en desarrollo por el Lic. José Luis Ochoa, director de la O.V.D. Centro, me tocó escuchar un discurso en una junta donde nos comenzaba a cuestionar cuál era la misión de la Cervecería Cuauhtémoc Moctezuma. Todos los presentes comenzamos a murmurar entre nosotros distintas cosas que habíamos oído o que creíamos que era la respuesta correcta. "Hacer la mejor cerveza de México" dijeron algunos. "Crear los mejores momentos para compartir las mejores cervezas" dijeron otros. "Hacer la mejor cerveza del Universo" escuché decir a otros. Aunque algunas de estas ideas parecía que no eran tan erradas, el director finalmente nos dijo a todos nosotros: "Hacer dinero a través de la distribución de la cerveza para que los accionistas vean su retorno de inversión". Muchos nos quedamos helados. Pareciera que hacer la cerveza no era exactamente la parte principal del asunto, sino hacer dinero. Entonces, el director aclaró:

"Si vender canicas hiciera que ganáramos más dinero que vender cerveza, entonces estaríamos vendiendo canicas. El objetivo de este negocio, de esta empresa, es hacer dinero para que los accionistas tengan un retorno de inversión y todos nosotros podamos ganarnos nuestro sueldo".

Más claro no pudo ser. Fue entonces que todos en la compañía tuvimos conciencia de que lo que hacíamos, si lo hacíamos bien, ayudaba a que la compañía ganara dinero. No eras contador solo para hacer pólizas. No. Eras contador porque de alguna manera ayudabas como si fueras un pequeño engrane que embona en toda una maquinaria para que funcione perfectamente. Y esa maquinaria produce dinero. Cada uno de nosotros, nos fuimos involucrando en el tema de cómo generábamos dinero para la compañía. No sólo la gente de ventas era la responsable, aunque ellos lo fueran directamente, sino que todas las demás áreas tenían que ser eficientes y eficaces en su tarea para apoyar la labor de venta. Si no eras lo suficientemente eficiente en tu labor, posiblemente estabas haciendo más pesada la tarea de la gente que se encargaba de las ventas, y eso no era justo ni aceptable. Ahí, cada área salió pensando después de la junta cuáles eran los KPIs relevantes para sí mismos para poder cuantificar si estaba siendo eficiente en su área y apoyando a la gente de ventas. Muchos se preguntarán, ¿pero cómo un contador haciendo pólizas puede ayudar al área de ventas? ¿qué tengo que medir? Pues bien, salieron ideas tan locas como que cuando alguien de ventas solicitaba un reporte de cuál era el punto de equilibrio cuantificado en cajas de cerveza para cierto centro de distribución (las marcas que se venden en cada centro de distribución varían. Mientras que en ciertas zonas se vende mucha cerveza Tekate, en otras quizás la cerveza Sol o XX Lager era la más vendida, así que dependía del lugar) no tomara más de 24 horas en ser elaborado y entregado a la persona de ventas que lo solicitó, ya que estas personas hacían la estrategia basados en los números de las presentaciones que aportaban mayor utilidad al negocio. Así como este ejemplo, se pueden pensar en otras ideas. Lo relevante aquí es que para que el contador pudiera hacer ese reporte, dependía a su vez del área de sistemas. La red tenía que funcionar la mayor parte del tiempo, así como el servidor en donde se encontraba dicha información. Como al contador se le daba un máximo de 24 horas, esto impactaba también en el área de sistemas, de manera que ellos no podían, por ninguna causa o razón, tener detenido un servidor o la red más de 12 horas, ya que esto podía afectar el rendimiento de otra área, impactando a su vez en ventas.

Adicional a este punto, tenemos que como había que generar dinero para el negocio, se necesitaba innovar siempre que fuera posible, y se hicieron estrategias que premiaban a las personas a hacer mejoras en el negocio y su operación. Me tocó presenciar una de estas innovaciones aplicadas a los ayudantes de repartidor. Todo el tiempo, las personas que entregan la cerveza y cargan las cajas desde el camión hasta el cliente, tenían que bajar los cartones hasta el piso, y después solían apilar hasta cuatro cajas, hacían una sentadilla de espalda a las cajas, tomaban la pila desde abajo, y se paraban llevando las mismas hasta la tienda, a veces apoyándose en una pared para bajarlas en el piso de la tienda. A mí en lo particular se me hizo algo extraño, así que intenté hacer lo mismo pero de frente. Aunque sudé como nunca, lo logré, no sin esforzarme mucho, pero terminé con dolor de espalda esa noche, y solo lo hice una vez. Entendí entonces por qué las cargaban dándoles la espalda, así toda la fuerza de la carga se iba a las piernas, no a la espalda, pero los que tenían una rodilla con problemas (muchos jugaban futbol soccer), les costaba mucho trabajo hacer la sentadilla hasta el piso para poder cargar las cuatro cajas. Así, en otro centro de distribución, me tocó ver como algunos camiones tenían una T de metal con goznes atornillada con una bisagra a la carrocería del camión en la parte trasera o lateral, dependiendo del tipo de carga y descarga que tuvieran (las redilas se descargan por atrás, los pallets, de manera lateral), y pregunté que era aquello. Me dijeron que era para facilitar la descarga a los estibadores, o ayudantes de repartidor. Y pregunté cómo funcionaba. Y ya los muchachos empezaron a explicarme. Cuando tenían que descargar varias cajas con el cliente, en vez de poner las cajas en el suelo y tener que hacer la sentadilla hasta debajo de espalda para levantarlas, movían la T de la carrocería y quedaba colgando como un pequeño "pie" o retén donde colocaban sus cuatro cajas de cerveza. Ellos bajaban del camión, y estando parados podían cargar las cajas por la espalda para llevarlas con el cliente. ¡Zaz! Algo tan simple pero que de verdad ayudaba a que la gente no se lastimara de la espalda, o que si tenía lastimada una rodilla, pudiera llevar las cajas de cualquier manera hasta el cliente de una manera más fácil. Escuché que a la persona que se le había ocurrido tal idea, la cervecería le había dado un bono de compensación por dicha idea y empezaron a ponerla por obra en muchos de los camiones donde se hacía estiba a mano (en algunos lugares se usan "diablitos" y en donde es mucha mercancía la que se desplaza, se usan "pig-backs", que son una especie de montacargas en miniatura que se cuelga en la parte trasera del camión).

Como ven, la idea en el negocio, es que todo mundo sepa que su labor es importante, que contribuye a ganar dinero, y que la gente no trabaje en automático, sino que siempre esté pensando en una manera de apoyar a las ventas para que todos ganen más dinero.

Capítulo 11
Trabajo en equipo

La suma de las partes siempre es más que las partes individuales. Dicho de otra forma: 2 + 2 + 2 + 2 = 8 cuando solo se tiene un grupo de trabajo. Pero cuando se logra trabajar en equipo, 2 + 2 + 2 + 2 = 16 o más. ¿Cómo es posible esto? Trataré de explicarlo con algunos ejemplos.

En el 2009, tuve la fortuna de ser contratado como Arquitecto de Software en el proyecto de homologación entre Coca Cola FEMSA y Cervecería Cuauhtémoc Moctezuma. En ese entonces, yo contaba con mi propia consultora de SAP, y a veces subcontrataba personas para que trabajaran para mí como consultores funcionales o programadores de SAP en distintos proyectos. En ese proyecto, me tocó estar trabajando yo más otras dos personas de parte de mi compañía, y otras tres más de otras compañías. Para que puedan dimensionar el tamaño del proyecto, Coca Cola y CCM contrataron a más de 200 programadores de ABAP en la Ciudad de México, y aproximadamente otras 80 personas en la ciudad de Monterrey, nuevo León, donde se encuentras sus oficinas principales. Obviamente, había consultores de muchas firmas distintas, algunos subcontratados por varias consultoras intermedias: INDRA, Bear Consulting, Deloitte, Neoris, etcétera. En el equipo donde a mí me tocó estar, había gente de diferentes consultoras, contratados o subcontratados por las más grandes para que formaran parte de su equipo, pero en realidad pertenecían a equipos más pequeños de otras consultoras que fueron subcontratadas. ¿A qué voy con todo esto? A que cuando ya se está programando la solución de algún tema enviado por el cliente, las personas que pertenecen a distintas consultoras, suelen ser muy reservados en cuanto a la manera en que hacen las cosas, pues piensan "¿Por qué voy a compartir con otros, si son mi competencia, y a mí me ha costado mucho trabajo aprender todo lo que sé?". Con esta actitud en mente, si de repente se encuentran con un problema que los sobrepasa, también se quedan callados, esperando resolverlo por sí mismos, ya sea investigando en internet o que en su firma haya alguien con más experiencia que les pueda apoyar. Sin embargo, este es el tipo de actitud que frena la fluidez del equipo, y que evita que un grupo de trabajo realmente se transforme en un equipo. ¿Por qué? El miedo a que otros se den cuenta que no sabe uno tanto como cree que los demás lo perciben, el orgullo de saber o creer saber más que los demás y no querer que lo igualen, hace que se trabaje de manera individual. Así, el resultado del trabajo de toda un área, se limita a la mayor capacidad de cada uno de los individuos que forman el grupo. Lo voy a explicar de otra manera. Supongamos que el conocimiento de cada individuo en un grupo de trabajo es representado por un número. Mientras más alto sea este número, más sabe esa persona porque está más especializada o tiene más experiencia. Mientras más chico es el número, menos sabe o menos experiencia tiene. Si llegara un problema complejo a ese grupo para que se resolviera, tendríamos algo así:

$$2 + 4 + 3 + 1 = 10$$

Así, el valor intelectual o especialización más la experiencia de ese grupo, sumaría un 10 en total. Pero, si ese mismo grupo rompiera las barreras del miedo y del orgullo, y compartieran entre ellos lo que saben más su experiencia, tendríamos algo más o menos así:

$$2 \times 4 \times 3 \times 1 = 24$$

¿Por qué? Porque ahora, el nivel de conocimiento de las personas, se difunde entre todo el equipo y esto multiplica valor en el equipo. Esa es la gran diferencia entre trabajar en grupo o en equipo. Y definitivamente al compartir experiencias, se rebasa el 10 original del primer grupo.

Ahora la pregunta sería, ¿y cómo lograr esto? Pues bien, en mi experiencia, una de las cosas que rompe el hielo entre las personas es reunirse después del trabajo para relajarse, pasarla bien, pero comentar también temas de trabajo. Cuando estuve en el proyecto de homologación de Coca Cola FEMSA y CCM, coordiné un grupo de consultores SAP ABAP que estaban contratados por distintas consultoras, pero que dentro del proyecto, estábamos en la misma área y teníamos que hacer que todo saliera adelante. Estábamos en la ciudad de Monterrey, Nuevo León, y a casi todos los del grupo les gustaban los deportes, en especial, el fútbol soccer. Entonces en esas fechas la selección mexicana de futbol tenía partidos regularmente para clasificarse al siguiente mundial, por lo que pregunté primero a una de las personas locales si había algún lugar donde se pudiera cenar, beber de las cerveza que fabricaba el cliente del proyecto (CCM) y que no fuera un lugar caro, sino que estuviera tranquilo.

Con esta referencia, les pedí a todos los que estábamos en el grupo de trabajo si nos reuníamos para tomar unas cervezas y ver el juego de futbol. Animando a unos y a otros, logré que un día miércoles todos aceptaran reunirse en dicho lugar y ver el fútbol mientras cenábamos unas carnes asadas. Ya durante el juego, guié un poco la conversación sobre el trabajo, y sobre cómo uno de los ahí presentes me ayudó a solucionar cierto problema y le agradecí. Esto abrió el tema para que otros preguntaran sobre lo que hice y lo que me dijo la persona que me ayudó, y comentaron sobre otras maneras de hacerlo o de cómo ellos habían tenido oportunidad de resolver temas similares. Así, entre el juego, la cena y la bebida, poco a poco todos comenzaron a hablar sobre otros problemas que estaban enfrentando en el trabajo y si había alguien que supiera cómo resolverlo. Pronto la conversación se hizo una mezcla de futbol, SAP, maneras de solucionar los problemas y algunos chistes chuscos, pero que ayudaron a que el ambiente se volviera menos rígido. La cena terminó temprano, después del juego, pero sobra decir que al día siguiente la actitud entre todo el grupo había cambiado. No se sentía ya ese miedo a saber menos que los demás, sino que se había transformado en una camaradería que rindió frutos al siguiente día pues todos estaban más dispuestos a colaborar. Después de otras tres reuniones de trabajo informal cenando, viendo el futbol y analizando algunos de los problemas que enfrentamos en la célula de nuestro proyecto, llegamos de estar posicionados como el equipo con más retrasos e incidentes del proyecto, a ser el equipo de trabajo a la punta de todos y ser el ejemplo a seguir.

Citando otro ejemplo, en Ferromex, en el 2016, estábamos planeando migrar el sistema SAP ECC 6.0 a la nueva versión de

SAP HANA Business Suite. En ese proyecto, la parte más complicada suele ser la parte del Hardware y lo que concierne al área de Basis, que dan soporte y configuración al sistema operativo y a los parches de SAP, así como la integridad de la base de datos. Sin embargo, lo que da soporte al sistema en sí con los programas que soporta dicho sistema, además de los llamados "programas Z", que son los desarrollos que no forman parte del sistema SAP original, pero que se desarrollaron en casa para dar soporte a la operación del negocio debido a que por alguna razón el sistema original no los incluía. En el caso de Ferromex, estos ascendían a más de 15,000 programas Z, de los cuales, alrededor de 7,700 (un poco más del 50%), presentaban algún problema al migrarse a HANA. Por una falta de visión del subdirector (o un exceso de confianza en el equipo de desarrollo), no se nos incluyó en el plan para cuantificar el tiempo que tomaría la migración de dichos programas, y cuando supimos que ya se iba a hacer la migración, nos enteramos que contábamos con solo 8 semanas de las 18 que iba a llevar en total todo el proyecto para hacer la migración, así como que sólo íbamos a contar con los desarrolladores que ya estaban contratados en el equipo de desarrollo ABAP a medio tiempo (6 en total, incluyéndome), sin descuidar la operación, y no querían contemplar el congelamiento del mandante de producción para que no se viera afectado por las nuevas órdenes generadas por los desarrolladores. Con todas estas condiciones afectando el proyecto, hice el cálculo de la migración de los programas, y el tiempo resultante era de 16 semanas. Por esta razón, pedí que me concedieran que la gente que estaba en el proyecto, se les asignara más tiempo, y que además, nos pudiéramos concentrar en una sala. Hice un pareto de los programas que realmente seguían en uso en productivo, que al menos tenían 2 años usándose, y la lista se redujo a 1,700. Por cuestiones de la herramienta de SAP, suelen surgir varios falsos positivos. De los errores que se encontraron en el pareto, 406 programas efectivamente se usaban y eran incompatibles con HANA. Para sacar el máximo provecho de la experiencia de los consultores, nos reunimos en una sola sala y proyecté estos resultados. Como había consultores con distinto nivel de experiencia, les expliqué, que si queríamos tener éxito, necesitaba que la persona con mayor experiencia tomara el caso que representaba un mayor porcentaje de programas afectados, viera si sabía él (o la segunda persona con más experiencia del equipo) cuál era la manera de resolver el problema, se dedicara a atacarlo, y posteriormente compartiera con el resto del grupo su aprendizaje de cómo hacerlo. Así, al día siguiente, después de que este consultor Senior vio la manera de resolver el problema, los volví a reunir a todos, y nos fue explicando cómo hacerle y compartió algunas de las funciones que hizo para corregir el programa. Los demás, tomaron nota, y tomamos al más junior del equipo para que proyectara cómo resolvía otro programa que tenía el mismo problema que acaban de explicar. Aunque al principio esto tomó tiempo, una vez que todos entendimos cómo resolver el primer tipo de problema, mostré en pantalla el pareto con cada uno de los objetos con ese mismo tipo de problema, y cada desarrollador le asignó su nombre a dicho objeto, para resolverlo y repartirnos el trabajo. Si alguien tenía duda, proyectábamos en la sala donde alguien tenía problema, y entre todos lo resolvíamos. Hacer esto permitió que en tan solo tres semanas resolviéramos correctamente 1,300 objetos con problemas de compatibilidad con SAP HANA. El resto de los objetos, que se llegó a la conclusión que no se usaban con tanta frecuencia, optamos en que se iban a corregir más adelante después de echar a andar la nueva versión del sistema. Como nos quedaba aún una semana más, pudimos ponernos de acuerdo con el responsable de BASIS y programar una salida en falso, lo que nos dio mucha visibilidad de los errores que íbamos a enfrentar el día del go-live. Afortunadamente, solo cinco de los 93 transportes que surgieron tuvieron problemas, así que los corregimos y volvimos a probar.

El día del go-live llevamos un cronograma con hora y minuto en que entraba a participar cada uno de los usuarios clave, programadores y responsables del hardware para echar a andar la nueva versión del sistema, y compartimos un grupo en la famosa aplicación para móviles llamada Whatsapp, en la que coordinamos de manera que cada una de las personas del grupo sabía cuando las anteriores a él habían terminado o si tenían algún problema y podían ayudar, nos apoyaron con su experiencia para que no se detuviera el flujo de las actividades. Así, de las 13 horas que se habían planeado para instalar la nueva versión de SAP HANA, el paso de transportes y las pruebas de los puntos de control, terminamos en tan solo 12 horas y media. Media hora antes de lo planeado, y sin ningún error. Esto fue una verdadera labor de trabajo en equipo. Todos y cada uno de los consultores que participaron en este proyecto, tiene todo mi reconocimiento por su compromiso y seriedad; en especial quiero mencionar en este momento al equipo de desarrolladores de ABAP, Gabriel Alberto Pérez, Imelda García, Mauricio Amador, Miriam Díaz y Eduardo Falla. Todos aprendimos de todos, unos más que otros, pero al final, el equipo se hizo más robusto por la participación y buena actitud de los desarrolladores, funcionales y usuarios clave que participaron para que fuera un éxito este proyecto. Así que no se debe menospreciar el tema de hacer redes y equipos de trabajo usando las reuniones de tipo social. Después de esta implementación, nuestro gerente llevó al equipo a una comida, reconociendo la gran labor del trabajo en conjunto. Eso, también ayudó a que el equipo se hiciera más robusto, pues desde entonces, seguimos en contacto, recordando este proyecto.

Capítulo 12
Sinergia

De acuerdo a su definición, el término sinergia proviene del griego, synergo, que traducido literalmente significa "trabajando en conjunto". De acuerdo con la Real Academia Española, sinergia es la "acción de dos o más causas cuyo efecto es superior a la suma de los efectos individuales". Si me permiten decirlo con mis propias palabras, hacer sinergia se refiere a aprender de lo que sale bien o mal, y repetirlo o evitarlo en otras partes de la compañía en donde hace falta dicho conocimiento. Citaré un ejemplo que viví en carne propia.

En el año 2004, Luis Gabriel Muñoz era mi jefe y colega en la Cervecería Cuauhtémoc Moctezuma cuando tuvimos que enfrentar el mejorar la operación de los vehículos de reparto de los centros de distribución de cerveza en los estados de México, Hidalgo, Morelos y Guerrero. Yo estaba aprendiendo sobre vehículos, así que me enviaron a capacitarme sobre motores de gasolina, de diesel y de gas, para aprender las diferencias entre la potencia y torque que entregaba cada tipo de motor de acuerdo al parque vehicular con que se contaba en CCM. Además, estuve un mes en un almacén ayudando a repartidores a estibar cajas de los diferentes tipos de presentaciones de cerveza (lata, cuarto de litro, mediana, medio litro, caguama, etcétera), para entender los amarres de las cajas sobre las tarimas, y tuve que aprender también de qué manera se acomodaban dichas cajas en un camión con caja de redilas (descarga trasera) y en uno de pallets (descarga lateral), así como distinguir las áreas de almacenaje de envase vacío y lleno dentro del piso del almacén para agilizar la operación. Tomé capacitación en renovado de llantas y hasta tapicería de asientos. Esta y muchas otras cosas formaron parte de mi aprendizaje en CCM, pero había también personas que ya tenían años de experiencia sobre todos estos temas, que incluso habían estudiado ingeniería mecánica o habían trabajado muchos años con talleres o tráileres y vehículos de carga. Como yo, también había otras personas que estaban aprendiendo de estos temas, pero que tenían el potencial y la actitud para aprender a hacer las cosas. Pero como se debía mejorar rápidamente la situación financiera de CCM en esta zona, nuestro jefe, Luis Gabriel Muñoz, hacía lo siguiente. Nos invitaba a cenar cuando había partidos de fútbol soccer del equipo Cruz Azul (era el favorito de él), y cada mes, teníamos juntas todos los responsables de la operación vehicular y de almacenes en una plaza distinta (había 7 diferentes). Nos veíamos en algún lugar tipo video bar para cenar y tomar una cerveza mientras veíamos a ratos el encuentro de fútbol, y de repente nos preguntaba por el rendimiento de nuestras zonas: cuántos vehículos totales teníamos, cuántos habían salido a repartir, cuántos estaban en reparación, cuántos no habían podido salir a repartir por una falla de tipo mecánico o falta de refacciones, cuál cerveza era la que más se movía en nuestra zona (podía ser Sol de medio litro, Indio de lata, Tecate de botella desechable, etc), y platicábamos los problemas que habíamos tenido. Obviamente, él ya sabía los resultados de todos nosotros, porque tenía reportes que le habíamos enviado antes de ir a esta "junta". Entre botanas y cerveza, comenzábamos a hablar de lo que nos preguntaba. Luis nos escuchaba y en la plática salía el que tenía los mejores indicadores de un tema, y el que iba a la cola del mismo. Así que para mejorar el rendimiento del grupo, le pedía a la persona que lideraba el tema, que explicara cómo lo había resuelto, qué había hecho para mejorar sus indicadores, si era por causa de tener mejores proveedores, o por implementar un mejor acomodo de la mercancía en almacén, o si cierta marca de refacciones de llantas o alguna otra pieza que daba problemas en los motores le estaba funcionando mejor, etcétera, para que los demás aprendiéramos de él y copiáramos su modelo en nuestras áreas de ser posible. Si había alguna duda aún, pedía que las dos personas más atrasadas en un tema, fueran a visitar al que iba a la cabeza, y se diera el tiempo de explicarles mientras ellos observaban cómo trabajaba esta persona. Este tipo de reuniones, semi informales, rindió muchos frutos, tanto, que empezamos a "exportar" los casos de éxito a otras zonas de la República Mexicana dentro de la compañía para que se copiaran, se redujeran costos y se optimizara la operación. También, cuando algo llegó a salir terriblemente mal, se documentaba todo lo que había llevado a tal situación, y se difundía el conocimiento a todo lo largo y ancho de la compañía para evitar que tales sucesos se repitieran. A esto, se le llama hacer sinergias. Maximizar lo bueno, y minimizar lo malo, de manera que mes con mes, se tenga un aprendizaje continuo de lo que pasa en cada área de la compañía. Yo acabo de mencionar un ejemplo de operaciones, pero lo mismo aplica para estrategias de ventas, tips en el área de informática, redes, contabilidad, trucos financieros, etcétera. De lo que se trata es que hay que ver la compañía o negocio como un todo, hecho por sistemas, que muchas veces se repiten, pero si no hay alguien que ayude a que fluya la información relevante de áreas afines, sólo se tienen esfuerzos aislados. Un buen jefe, gerente, director o CEO debe tomar la iniciativa de promover que toda la gente que esté en puestos de mando por debajo de él, aprenda a hacer este tipo de reuniones, quizás no tan informales (pero funcionan muy bien), donde las distintas áreas comenten sobre los resultados de su trabajo y lo que han hecho que les ha facilitado o mejorado la operación en el mismo, o lo que ha provocado un gran error, a fin de copiar los modelos o enterar a todos para que los eviten y aprendan en cabeza ajena. Para esto, basado en los capítulos anteriores, es bueno llevar indicadores clave que permitan medir el rendimiento de las áreas, a fin de observar si hay una gran diferencia entre el mejor del equipo y el más atrasado, y ayudar a que todos estén en el mejor nivel.

Capítulo 13
Liderazgo

Muchas veces la gente confunde ser un líder con ser un jefe. Se cree todavía en muchos lugares, en especial en América Latina, que ser líder se trata de mandar a los subordinados para que sirvan al jefe, gerente, o persona con el mando dentro de una estructura jerárquica, a fin de lograr el objetivo del grupo que dicha persona con autoridad tiene claramente definida a su vez por alguien más arriba en la jerarquía, o bien, la tiene porque al ser el dueño de su negocio sabe hacia dónde quiere dirigirlo, pero esto no lo convierte en realidad en un líder.

La palabra liderazgo se refiere a la influencia que una persona ejerce sobre un grupo de personas, su capacidad para incentivarlas y motivarlas a que trabajen con entusiasmo para cumplir el objetivo para el que dicho grupo se formó. El líder es la persona que los motiva e inspira, convenciéndolos de que eso es lo mejor para dicho grupo. Para lograr esto, una de las principales cosas que debe hacer un líder, es cambiar el viejo paradigma de que los "subordinados" tienen que obedecer todo lo que él les diga por el simple hecho de ser su superior en la jerarquía organizacional, sea en una empresa o en un negocio propio. Ser líder implica servir a los elementos del grupo, a fin de que tengan todo lo necesario para cumplir con las tareas que se les encomendaron a fin de cumplir los objetivos del plan de negocio de esa área. Pero además, para lograr inspirar a la gente, un líder debe ser capaz de tomar decisiones acertadas para el grupo, equipo o negocio que precede, inspirando a los demás para que participen con todo el grupo y alcancen las metas definidas. El trabajo del líder consiste en establecer las metas correctas y conseguir que la mayor parte de las personas del grupo deseen trabajar para alcanzarla. Aunque existen distintos tipos de liderazgo, y un buen líder es capaz de cambiar su rol dependiendo del ánimo de las personas, al final del día, lo que se busca es inspirar a los participantes del grupo a desear trabajar para el objetivo común de dicho proyecto. Es decir, hay ocasiones en que la moral de un grupo es tan baja, que necesitan de un líder "protector", que les indique paso a paso a cada uno de los miembros qué debe hacerse para lograr un resultado satisfactorio. Aquí el líder hace de "coach" o entrenador, pasando sus conocimientos a sus subordinados para que estos tengan las herramientas que necesitan para ver resultados en algo que se les está dificultando. En otro escenario, conforme la gente va tomando confianza y experiencia en su campo, un líder puede simplemente guiar o definir la meta, explicar cuáles serían ciertas reglas para lograrlas, pero dejar que el grupo trabaje abiertamente bajo sus propios criterios, mientras se apeguen a los lineamientos originales. Esto pasa cuando los miembros del grupo ya tienen mucha experiencia y no necesitan de una niñera que los cuide paso a paso o de una micro administración que lo único que hará será que las personas inhiban su imaginación, limitando lo que podría llegar a ser un gran trabajo hecho por personas maduras e independientes. Me ha tocado ver excelentes equipos de trabajo, terminar mal un proyecto o de plano no terminarlo por un pésimo liderazgo de la persona a cargo, debido a la inseguridad del jefe, viendo como éste se dedica a estar correteando a cada miembro del equipo y queriendo saber hasta a qué hora van a comer o al sanitario con tal de controlar sus actividades, agobiando al personal y desmotivándolo a trabajar con la iniciativa y creatividad que poseía dicho grupo, hasta que la gente estuvo en punto que prefería renunciar a seguir acatando órdenes que pensaban eran tiránicas.

Dicho todo esto, algunas de las sugerencias para ser un buen líder son: estar al tanto de lo último del campo en el que se desarrolla el trabajo, observar a otros líderes para aprender de ellos, y cambiar la forma de trabajar si le parece oportuno o necesario, y estar al pendiente de que la gente siempre tenga lo que le hace falta para cumplir su labor. Cuando estuve en Ferromex en el 2012, me tocó ver cómo el subdirector del área de Tecnología decidió contratar a varios consultores especializados de SAP a través de outsourcing. Así, había personas de distintas consultoras trabajando en las oficinas de Ferromex (o queriendo trabajar) para realizar dicho proyecto. Sin embargo, el espacio físico en dichas oficinas era muy limitado. Aunque en el papel había un plan de trabajo que lucía muy bien, no tomaron en cuenta que no había lugar suficiente para que los consultores se sentaran. Puede parecer algo trivial, pero estas personas trabajan enfrente de una computadora portátil todo el día... sentados enfrente de su computadora y programando código o configurando sistemas. Esto al principio causó un gran cuello de botella y retrasos en el desarrollo del plan original, pues no contemplaron que el tener una silla, un escritorio, un nodo de red para que se conectaran al sistema, eran necesidades básicas del personal a contratar para que pudieran realizar su trabajo y el proyecto avanzara de acuerdo al plan. Puede parecer algo sencillo, pero con tantas cosas en la cabeza de un subdirector (o director, gerente, jefe o el nivel que ustedes quieran. Uno puede estar en esa posición en cualquier momento), no vio que estas eran las cosas básicas que necesitaba la gente. Después surgieron otras necesidades, como una sala de reunión que pudieran usar por separado para hacer juntas con los usuarios clave que conocían el problema a resolver, pues no se podían tener juntas en los pasillos de la empresa. Por esto, una de mis sugerencias es que un líder, cuando tenga gente a la que debe motivar, debe entender el área de conocimiento en la que se va a mover el proyecto, debe mantenerse al tanto de lo último en esa área, y desde un inicio hacer una lista de verificación de cuáles son las herramientas o equipo que debe tener su grupo de personas para poder realizar el trabajo, y a lo largo del proyecto, siempre debe estar pendiente de que todo el mundo cuente con lo necesario para realizar su tarea, y facilitar que lo obtengan para evitar retrasos o cuellos de botella. Entonces, algunas de las cualidades de los buenos líderes son: tener conocimiento del campo en que se desarrolla el trabajo, confianza en sí mismo, integridad, carisma y empatía con la gente con la que trabaja.

En el 2010, fui testigo del gran liderazgo demostrado en Ferromex por la Lic. Araceli Pérez. Ella estaba a cargo del área de SAP (programa alemán ERP que se usa para controlar la operación de un negocio multinacional, Systeme Anwendungen und Produkte por sus siglas en alemán, Sistemas, Aplicaciones y Productos). Una de sus grandes cualidades como líder fue que ella implementó la parte comercial del sistema, por lo que tenía gran conocimiento de la operación y configuración técnica del mismo. Cuando el área creció y ella fue nombrada Gerente del

Área, apoyaba a la gente que trabajaba para ella. En especial, en los cierres de mes, cuando era necesario que el equipo de soporte se quedara más allá del horario de trabajo regular, mandaba pedir la cena para la gente, así como autorizar que la compañía pagara el taxi por llevar a su personal a altas horas de la noche de la compañía a su casa, pues muchos venían de otras ciudades en transporte público, y este generalmente dejaba de operar más temprano. El tener estas consideraciones hacia su personal, hacía que cuando ella necesitara algo, su equipo respondiera sin dudar. También pude observar que en ocasiones gente de las consultoras, trataban de extender su tiempo de consultoría explicando que hacía falta tal cantidad de horas para resolver cierto problema. Sin embargo, su conocimiento sobre el sistema evitaba que se dieran este tipo de casos. Ser experto en el área en que se desarrolla el trabajo, agrega liderazgo a la persona que está a cargo de un equipo.

Capítulo 14
Conclusiones

Como pueden ver, hay varios temas que se deben tener en mente para poder mover un negocio o área en la dirección que se quiere. Es un error pensar que simplemente porque soy el dueño de un negocio las cosas van a funcionar de la manera en que yo pienso. Hacen falta varias cosas:

- Tener una visión de hacia dónde se quiere llegar.
- Tener las ganas, los recursos y los conocimientos sobre el área de trabajo para impulsar las tareas y su cumplimiento.
- Ser honesto, pero tener empatía con la gente para poder crear un vínculo ascendente sobre ellos.
- Entender que la compañía o negocio está cambiando, y poder visualizar en dónde se está ahora y en dónde se piensa o quiere estar en cinco o diez años, para visualizar un plan que mueva o use a la gente para que llegue a ese punto.
- Entender el negocio como un sistema, como si fuera un reloj y todas sus piezas y engranes, a fin de que muchas de estas piezas se conviertan en procesos que alimenten a otros y funcionen por la posición, no por la persona.

- Entender, analizar y crear los indicadores claves de rendimiento (KPI's) y un cuadro de mando integral (Balanced Scorecard por sus siglas en inglés) para medir y cuantificar lo que valga la pena cuantificar del negocio a fin de dirigirlo.

- Poner en marcha siempre un plan de envío de "señales" para que las personas entiendan que sus decisiones y acciones tienen consecuencias, y por consiguiente, reaccionen a estas mismas.

- Hacer uso de la jerarquía a nuestro favor. Es importante entender que no podemos influenciar a otros fuera de nuestro ámbito si no somos empoderados por las personas en el más alto nivel del negocio o empresa.

- Conocer de finanzas, o en su defecto, contratar o aprender de alguien que sí sepa muy bien cómo se hace dinero en la compañía, y difundir que todo el mundo sepa cómo impacta su trabajo en el rendimiento y ganancias de la misma, para que se comprometan a siempre realizar, alcanzar o rebasar su punto de equilibrio que hace que el negocio sea más rentable.

- Involucrarse en la manera en que el negocio hace dinero. Puede ser que haya más de una manera de hacerlo, ya sea produciéndolo o ahorrándolo, pero siempre debe haber manera de que todo el personal tenga en la cabeza que puede haber distintas maneras de hacer dinero. Cuando todo el negocio piense así, todo mundo buscará cómo ahorrar o contribuir para que se haga más dinero.

- Saber las reglas del trabajo en equipo. Manejar la empatía con los empleados da excelentes resultados.

- Desarrollar el liderazgo. No todas las personas nacen siendo líderes natos. Pero con esfuerzo y disciplina, se puede aprender a ser un mejor líder y a servir al equipo para que estos siempre cuenten con las herramientas apropiadas para realizar su trabajo correctamente.

Amigo lector, espero que esta breve lectura le haya ayudado a entender algunos de los puntos que considero básico para hacer una cultura de ejecución en un negocio o empresa, y que pronto pueda poner por obra todos estos, y vea cómo cambia los resultados en su trabajo, haciendo que las cosas sucedan. Se despide su amigo

Gupton Brazile

Otros títulos del autor:

Cómo Controlar un Pequeño Negocio – ¡Aprenda una forma metódica de controlar su negocio, con ejemplos y plantillas para aplicarlos a su negocio!

Aprenda cómo controlar el crecimiento de su base de datos en ¡mySAP R3! Use la Guía Rápida de SAP Archiving para poner ¡manos a la obra!

Más títulos del autor se pueden encontrar en:
http://www.lulu.com/spotlight/gupton_brazile
email: Gupton.Brazile@hotmail.com
Blog: http://guptonbrazile.bltmexico.com